TEXTES LITTERAIRES

Collection dirigée par Keith Cameron

LXXXIII

MUSTAPHA ET ZEANGIR

MUSTAPHA
ET
ZÉANGIR,
TRAGÉDIE
EN CINQ ACTES ET EN VERS;

*Représentée sur le Théâtre de Fontainebleau,
devant* LEURS MAJESTÉS, *le premier
Novembre 1776 & le 7 Novembre 1777;*

A Paris, sur le Théâtre de la Comédie Françaife,
le 15 Décembre 1777.

DÉDIÉE A LA REINE,

PAR M. DE CHAMFORT, *Secrétaire des
Commandemens de Son Alteffe Séréniffime Monfeigneur* LE
PRINCE DE CONDÉ, *Membre de l'Académie de Marfeille.*

Le prix eft de 30 fols.

A PARIS,

CHEZ la Veuve DUCHESNE, Libraire, rue
Saint-Jacques, au Temple du Goût.

M. DCC. LXXVIII.
Avec Approbation & Permiffion.

CHAMFORT

MUSTAPHA ET ZEANGIR

Edition critique
par
Simon Davies

University of Exeter Press
1992

Je tiens à remercier pour leur aide précieuse dans la préparation de cette
édition Mme Andrée Gabbey de Queen's University of Belfast et M.
John Renwick de l'Université d'Edimbourg. Je voudrais aussi témoigner
ma reconnaissance envers M. Keith Cameron qui a accepté la
publication de ce texte dans la série qu'il dirige et qui m'a offert ses
conseils d'éditeur.

First published in 1992 by
University of Exeter Press
Reed Hall
Streatham Drive
Exeter EX4 4QR
UK

British Library Cataloguing in Publication Data
A catalogue record for this book is available
from the British Library

ISSN 0309–6998
ISBN 0 85989 377 4

Typeset by Penny Amraoui
Printed in the UK
by Antony Rowe Ltd, Chippenham

A Anne

ABREVIATIONS

B   Louis Petit de Bachaumont, *Mémoires secrets pour servir à
                l'histoire de la république des lettres en France, depuis
                MDCCLXI jusqu'à nos jours*, 36 vol. (Londres, 1780-1789)

Best. D.   Précède un numéro de lettre dans l'édition dite définitive de
                la correspondance de Voltaire: *Correspondence and Related
                Documents* des *Complete Works of Voltaire*, éd. Theodore
                Besterman, (Genève et Oxford, 1968-1976)

CL   Friedrich Melchior Grimm et al., *Correspondance
                littéraire, philosophique et critique*, éd. Maurice Tourneux,
                16 vol. (Paris, 1877-1882)

L   La Harpe, *Lycée ou cours de littérature*, nouvelle édition,
                vol. XIII (Paris 1813)

INTRODUCTION

L'AUTEUR

Pour la postérité Sébastien-Roch Nicolas dit Chamfort est l'auteur des maximes qui commentent d'une façon peu indulgente la vie du dix-huitième siècle. Pour ses contemporains, surtout pour ses concitoyens dans la République des lettres, c'est un écrivain qui a tâté de la plupart des activités littéraires de l'Ancien Régime. Né en 1740 dans des circonstances qui sont encore mal définies, il serait le fils d'un chanoine et d'une dame qui appartenait à la noblesse de Clermont-Ferrand - on espère qu'à cet égard les archives n'ont pas livré leur dernier mot. Tout petit il est envoyé au collège des Grassins à Paris où il se révèle turbulent mais doué. Au début des années 1760, pour subsister, il travaille comme journaliste, précepteur et collabore au *Journal encyclopédique*. En 1764 il se fait connaître un peu plus par la représentation à la Comédie Française de sa pièce en un acte, *La Jeune Indienne*. Ayant lu la comédie, Voltaire encourage le jeune auteur. Chamfort compose des poèmes, des discours et a le bonheur de voir une épître de sa plume couronnée par l'Académie française. Il se lie avec d'autres littérateurs, dont d'Alembert et Marmontel. En 1767 il travaille déjà à la tragédie de *Mustapha et Zéangir*. Son *Eloge de Molière* remporte le prix d'éloquence de l'Académie française en 1769. On voit en 1770 treize représentations à la Comédie Française de sa pièce en un acte, *Le Marchand de Smyrne*. L'année suivante, atteint d'une maladie de peau, il quitte Paris pour une cure à Contrexéville. En 1774, son *Eloge de La Fontaine* remporte le prix de l'Académie de Marseille. Sa tragédie, *Mustapha et Zéangir*, est jouée pour la première fois en 1776. Cette même année, à l'initiative de Beaumarchais, Chamfort devient membre de la Société des auteurs dramatiques. Cinq ans plus tard, il est enfin élu à l'Académie française. Dans une certaine mesure, Chamfort se retire de la société mais entre quand même en relations avec Mirabeau. De retour à Paris il s'installe aux Arcades du Palais-Royal au début de 1789. En 1790 il collabore au *Mercure de France* et joue un certain rôle dans la Révolution. Au mois d'août 1792 il est nommé administrateur de la Bibliothèque nationale. En septembre 1793 il démissionne de ce poste après avoir été dénoncé, arrêté, libéré et placé sous la surveillance d'un gendarme. Le 14 novembre, menacé d'une nouvelle arrestation, Chamfort tente de se suicider. C'est une tentative qui semble vouée à l'échec. Pourtant, s'il se rétablit, ce n'est que pour mourir quelques mois plus tard, le 13 avril 1794[1].

---

[1] Pour cette notice biographique nous sommes redevable au remarquable travail de John Renwick, *Chamfort devant la postérité 1794-1984*, Studies on Voltaire and the Eighteenth century, 247 (Oxford, 1986).

SOURCES DE MUSTAPHA ET ZEANGIR

Les lointaines sources du sujet de cette tragédie se rattachent aux événements du règne de Soliman le Magnifique. Ce Sultan, sous l'influence de sa femme, Roxelane, finit par ordonner l'exécution de son fils, Mustapha. En dépit de ces sources historiques, il serait sans doute plus prudent et plus pertinent de chercher des sources littéraires. En ce qui concerne le théâtre on peut remonter tout au moins à la pièce de Jean Mairet, *Le Grand et dernier Solyman ou la mort de Mustapha* (1639). Mairet présente le vieux Solyman en proie aux soupçons à l'endroit de son fils et se laisse persuader par la reine que Mustapha est en train de comploter contre lui. Au surplus, Mustapha est amoureux d'une princesse de Perse, pays ennemi. Solyman les fait exécuter tous les deux. On peut aussi citer le cas d'un épisode intercalé dans l'ouvrage de Georges et/ou Madeleine de Scudéry, *Ibrahim ou l'illustre Bassa* (1641). Là les fils de Soliman, Mustapha et Giangir, périssent par suite de la haine et de la jalousie de la sultane, Roxelane. Dans l'*Histoire des favorites* de Mlle de La Roche-Guilhen, Zéangir 'donna toute son amitié à Mustapha' et était lié avec son demi-frère 'de la plus parfaite amitié qui eut jamais été'(2). Zéangir se suicide après l'assassinat de Mustapha par le suppôt de Roxelane. On ne saurait négliger d'ailleurs l'importance du décor turc de *Bajazet* (1672) dans la formation de la pièce de Chamfort bien que cette tragédie de Racine ne fût pas la plus appréciée du public du dix-huitième siècle(3).

Toujours est-il qu'il existe une source plus ou moins sûre qui a servi de base à la création de la pièce de Chamfort. Il s'agit de la tragédie de Belin, *Mustapha et Zéangir* (1705). Le 19 novembre 1776, quelques jours après la première représentation, le comte d'Argental écrit à Voltaire que 'cette tragédie ne prouve pas un grand génie de la part de l'auteur... elle est calquée sur celle de Belin' (Best. D.20412). Les *Mémoires secrets* du 22 novembre 1776 attestent cette descendance:

> Des envieux du succès de M. de Chamfort ont fait une découverte fâcheuse pour lui; ils ont déterré une tragédie de Mustapha et Zéangir, de M. Belin, jouée en 1705, dans laquelle on trouve en effet une grande ressemblance avec la sienne, ce qui ne peut que diminuer de beaucoup son mérite. (B, IX, p. 269)

---

(2) *Histoire des favorites,* (Amsterdam, 1698), p. 127.
(3) Voir Emilie Kostoroski, *The Eagle and the dove: Corneille and Racine in the literary criticism of eighteenth-century France,* Studies on Voltaire and the Eighteenth Century, 95 (Oxford, 1972), pp. 329-330.

Plus d'une année plus tard, le 20 décembre 1777, le même périodique revient à la charge:

> Le plus mauvais tour qu'on ait joué à M. de Chamfort,
> ç'a été de réimprimer la tragédie de *Mustapha et
> Zéangir* de M. Belin (...) On y découvre un larcin
> manifeste, non seulement du sujet, mais du plan entier,
> mais de l'intrigue, des caractères, et presque de toutes
> les scènes, (...) Il n'est pas possible d'avoir poussé
> l'impudence aussi loin que l'a fait le plagiaire. Il faut
> lire l'ouvrage pour le croire, et l'on est alors aussi
> étonné qu'indigné. (B, X, p. 315)

Le même mois, la *Correspondance littéraire* est pourtant moins hostile:

> On peut convenir que le plan de M. de Chamfort a
> beaucoup de rapport avec celui de l'ancien Mustapha;
> on peut convenir aussi qu'il y a dans la nouvelle pièce
> un grand nombre de vers qui sont ou des imitations ou
> des réminiscences, peut-être involontaires; mais il faut
> ajouter que le quatrième acte, qui a fait tout le succès
> de l'ouvrage, est celui qui paraît le plus appartenir à
> M. de Chamfort; il faut ajouter encore qu'un style
> aussi correct, aussi soutenu que le sien, a un mérite
> très indépendant de toutes les imitations qu'il a pu se
> permettre ou qui peuvent lui être échappées. (CL,
> décembre 1777, p. 32)

La Harpe met le texte de Belin en comparaison avec celui de Chamfort:

> Celui de M. de Champfort, il faut en convenir,
> présente tous les défauts contraires. La marche du
> premier acte est la même, de scène en scène, que celle
> de Belin. Au second, une même scène voit éclater et
> finir la rivalité des deux frères, et l'amour est immolé
> sans combats. Cet héroïsme est froid, et l'opposé de la
> tragédie. D'ailleurs, aucune action, ni de la part de
> Soliman, qui, pendant ces deux premiers actes, est
> étranger à tout ce qui se passe, ni de la part de
> Mustapha, que l'on peint comme un homme passionné
> et impétueux, et qui ne prend aucun parti ni pour se
> défendre contre ses ennemis ni pour s'assurer
> d'Azémire, quoiqu'on le laisse en liberté d'agir, et
> qu'un corps de troupes qui l'a suivi soit aux portes de
> Byzance. Il pleure sa mère; il gémit; il s'indigne; mais
> il ne veut ni ne fait rien. Belin a prévenu cet
> inconvénient en le jetant dans les fers. Dans ce second

acte de M. de Champfort l'action n'a pas fait un pas.
(...) L'amour, dans la pièce de M. de Champfort, joue
un rôle encore plus faible que dans celle de Belin. Le
rôle d'Azémire est presque épisodique et absolument
superflu. Qu'on l'ôte de la pièce, on ne s'en apercevra
pas, et l'ouvrage n'y perdra que des longueurs.
L'auteur semble réserver toutes ses forces pour
peindre l'amitié fraternelle, et il y a réussi. C'est la
partie louable de sa tragédie, et cette peinture est d'une
grande beauté dans le quatrième acte. C'est là
seulement que M. de Champfort a surpassé Belin pour
l'effet dramatique, comme ailleurs il le surpasse
beaucoup pour l'élégance et la pureté du style. Il y a
même une idée qui lui appartient et qui est très
heureuse; c'est le double aveu fait en même tems de
l'amour des deux frères pour Azémire; c'est ce beau
mouvement de Zéangir, qui, lorsque Mustapha,
avouant tout à son père, n'a plus d'autre crime que
l'amour, se charge aussitôt du même crime, et après
avoir sacrifié cet amour pour le bonheur de son frère,
le fait éclater de nouveau pour partager ses périls.
Voilà une scène théâtrale aussi bien exécutée qu'elle est
bien conçue, et le dialogue est digne de la situation. (L,
pp. 69, 73)

Il tombe sous le sens que Chamfort s'est inspiré du texte de Belin
quoique l'action ne soit plus à Alep, que Rustan devienne Osman etc.
Même Aimé Coulaudon, qui semble vouloir l'innocenter, constate
'similitude de sujets' et 'même imitation'(4). A-t-on le droit de parler de
plagiat, de pillage même? Ayant rapproché les deux textes nous
estimons que Chamfort a beaucoup emprunté à son devancier, tant sur
le plan de l'intrigue que sur celui de la caractérisation. On peut même
suggérer qu'il a imité quelques vers en les remaniant, qu'il en fût
conscient ou non. Si c'est là plagiat, on a le droit de le juger coupable
mais il ne faut pas oublier qu'à cette époque les mœurs littéraires
s'accommodaient de ces pratiques. On a souvent du mal à démêler
emprunts, réminiscences, formules consacrées ou rebattues.

LA PIECE

Comme on l'a noté plus haut, Chamfort travaillait déjà à sa tragédie en
1767. Au cours de l'année, il écrivait plusieurs lettres à un autre auteur
clermontois, Antoine-Léonard Thomas. Le 24 mai il met en lumière
les problèmes qui le préoccupent:

---

(4) Aimé Coulaudon, 'Chamfort fut-il un plagiaire?' *Bulletin historique et scientifique de
l'Auvergne*, LXXI, 1951, p. 155.

Enfin je suis dans les grandes affaires et Soliman
m'occupe tout de bon. Chaque jour, je découvre des
beautés nouvelles et de nouvelles difficultés. J'ai à
craindre plus de ressemblances que je n'avais cru
d'abord; j'ai à craindre les deux frères de *Rodogune*,
ceux d'*Héraclius,* ceux d'*Adélaïde Duguesclin,* le père
d'*Andronic,* celui de *Dom Pèdre*, la belle-mère de
Nicomède et les scènes d'Oreste et Pylade. Les
difficultés sont de fonder la mort de Mustapha sans
avilir Soliman, et de mettre au théâtre la situation de
Zéangir qui se tue sur le corps de son frère.

Quoi qu'il en soit, je ferai ma fable de mon mieux,
et j'espère vous la montrer à votre retour de la
campagne...

Quelques semaines plus tard (juillet/août) il lui demande des conseils:

Je vous ai écrit de Meudon, mon cher ami, un gros
factum dans lequel je joins le plan de *Mustapha.* Je
vous priais de vouloir bien me communiquer vos
lumières: mais depuis, j'ai fait à l'ouvrage plusieurs
changements; je recopierai le tout et vous l'enverrai en
vous faisant la même prière.

On ne sait pas s'il a reçu ou non les 'lumières' de son ami mais il n'en
reste pas moins que vers la fin de l'année, le 11 décembre, Chamfort
est loin d'être content de son travail:

Mon premier acte n'est point encore fini; mais j'ai
corrigé, étendu mon plan et refait mon cinquième acte.
C'est principalement sur cela que j'ai à vous consulter.
J'étais d'abord très amoureux de ma nouvelle façon,
mais il m'est revenu des doutes(5).

En effet, comme on verra plus loin dans notre section consacrée aux
REPRESENTATIONS ET JUGEMENTS CONTEMPORAINS, ses
ennuis seront toujours en évidence en 1776 et 1777.

En tout cas il semblait notoire que Chamfort avait cette tragédie
en chantier depuis longtemps. Selon La Harpe et aussi selon les
Mémoires secrets, il s'agit de douze ans (L, p. 82; B, XI, p. 53). Il
nous est loisible donc de se demander pourquoi Chamfort attachait tant
de prix à achever cet ouvrage. D'une part pour lui le genre tragique

---

(5) Ces lettres sont présentées par Maurice Henriet dans 'Thomas et ses amis', *Bulletin du
bibliophile*, 1918, pp. 318-338. Dans ce rôle de critique, Thomas fut un conseiller pour ses
cadets et même pour ses pairs. Voir, à titre d'exemple, notre édition du *Déserteur* de Louis-
Sébastien Mercier, University of Exeter, 1974, p. xiv. Voir aussi Etienne Micard, *Un
Ecrivain académique au xviiiᵉ siècle, Antoine-Léonard Thomas (1732-1785)*, (Paris, 1924).

était un des titres de gloire de la littérature française et sans doute souhaitait-il marcher dans le sillage du grand maître, Racine. D'autre part le succès théâtral était toujours le moyen le plus sûr de conquérir le public au dix-huitième siècle comme l'attestaient les conseils de Voltaire à Marmontel, autre relation auvergnate de Chamfort[6]

Pourquoi Chamfort choisit-il cette histoire turque comme sujet de sa pièce? Est-ce qu'il s'intéressait tout particulièrement aux mœurs orientales? Somme toute nous croyons bien que non. Encore que la tradition voulût que les auteurs tragiques puisent, pour la plupart, leurs sujets dans l'antiquité grecque ou romaine, le dix-huitième siècle aime à voir représenter des Péruviens, des Chinois, des Indiens etc. et même des personnages tirés de l'histoire de la France[7]. Il n'entre pas dans le propos de Chamfort de créer de la couleur locale, de transporter son public dans une ambiance exotique. Dépayser ses spectateurs n'est pas le but qu'il se propose. Le public est en pays de connaissance quand il entend des vocables comme sérail, vizir, janissaire, et des noms comme Soliman, Mustapha, Roxelane avec, bien entendu, quelques détails géographiques à l'appui. D'ailleurs, on sait bien que les Turcs sont capables des pires excès. On ne s'étonne pas que Roxelane conspire avec un vizir contre Mustapha, son beau-fils, pour assurer la succession à Zéangir, son fils à elle. Quoi de plus naturel que l'ambition l'incite à tromper son mari, que le sensible mais soupçonneux Soliman soit convaincu que Mustapha le trahit puisque le jeune héros s'est mis en contact avec l'ennemi perse. Et qui plus est, Mustapha est amoureux d'Azémire, la fille de l'ennemi perse. C'est cela l'imbroglio, le destin de l'Etat, celui de la famille et de l'individu entremêlés. Très bien, mais Chamfort ne met pas au premier plan cet aspect de la tragédie, non plus que les éléments qui ont trait aux mœurs musulmanes. Vers la fin de la pièce Roxelane proclame:

> Le Musulman le pense et je le crois enfin,
> Qu'une fatalité terrible, irrévocable,
> Nous enchaine à ses loix, de son joug nous accable:
> (V, v, vv. 1662-1664)

Pourtant il s'agit là d'un sentiment qui ne domine pas la tragédie. Sur le plan politique, ce soliloque du Sultan se distingue par sa singularité:

> Monarques des chrétiens que je vous porte envie!
> Moins craints et plus chéris, vous etes plus heureux.
> Vous voyez de vos loix vos peuples amoureux

---

(6) 'C'est là qu'en un jour on obtient de la gloire et de la fortune.' Marmontel, *Mémoires*, éd. John Renwick, (Clermont-Ferrand, 1972), vol. 1, p. 63.

(7) Voir Jean-Luc Doutrelant, 'L'Orient tragique au dix-huitième siècle', *Revue des sciences humaines*, xxxvii, 1972, pp. 283-300 et Anne Boës, *La Lanterne magique de l'histoire: essai sur le théâtre historique en France de 1750 à 1789*, Studies on Voltaire and the Eighteenth Century, 213 (Oxford, 1982).

Joindre un plus doux hommage à leur obéissance,
Ou si quelque coupable a besoin d'indulgence,
Vos cœurs à la pitié peuvent s'abandonner,
Et sans effroy, du moins, vous pouvez pardonner.
(IV, iii, vv. 1346-1352)

Chamfort n'exploite pas sa pièce pour souligner les effets néfastes du fanatisme religieux. Au demeurant, il ne se sert pas de l'Islam pour véhiculer une critique sourde du christianisme à l'instar de Voltaire dans le *Mahomet* de 1739. Son plus grand centre d'intérêt se situe ailleurs.

Cet ailleurs s'exprime dans le thème de l'amitié, celui de l'amitié fraternelle, thème peut-être loin des sentiers battus de la tragédie. Voilà un thème qui anime toute son œuvre. Son discours de réception à l'Académie française en 1781 fera l'éloge des frères Sainte-Palaye sur un ton à la fois sincère et émouvant. A l'inverse des idées reçues concernant la rivalité des frères qui se disputent la succession au trône dans l'empire ottoman, Mustapha et Zéangir rivalisent de générosité. Même leur amour réciproque pour Azémire ne provoque aucune discorde. Les deux demi-frères sont liés d'amitié depuis les 'premiers ans' (v. 79) de Zéangir. Osman avertit Roxelane de 'cette ardente amitié' (v. 131) qui unit les frères. Roxelane juge cette amitié un 'vain fruit', une 'vaine erreur de l'enfance' (vv. 79, 150). Quand elle demande à Zéangir quel est le 'charme inconnu' (v. 272) qu'exerce Mustapha, Zéangir répond:

Le charme des vertus, de la reconnaissance,
Celui de l'amitié...
(vv. 274-275)

Il rassure Azémire quant à la fermeté de ses sentiments envers son frère (v. 325). Azémire parle de 'l'amitié courageuse' 'de deux rivaux' (v. 377) et comprend que l'amitié chez Zéangir 'égaloit l'amour même' (v. 385). Mustapha raconte sur un ton ému l'origine et la portée de sa tendresse fraternelle (vv. 525-538). Roxelane s'évertue à détruire les sentiments de Zéangir, elle a du mal à croire que celui-ci ne nourrit aucune ambition de priver Mustapha de la succession. Au dire de Roxelane, les frères se trompent tous les deux:

Vous ignorez tous deux, dans votre aveugle erreur,
Et le cœur des humains et votre propre cœur.
Mais le tems, d'autres vœux, l'orgueil de la puissance,
Du monarque au sujet cet intervalle immense,
Tout va briser bientot un nœud mal affermi,
Et sur le trône un jour tu verras...

ZEANGIR

Un ami.

ROXELANE

L'ami d'un maître! o ciel, ah! quitte un vain prestige.

ZEANGIR

Jamais.

ROXELANE

Les Ottomans ont-ils vu ce prodige?

ZEANGIR

Ils le verront.

ROXELANE

Mon fils! Songes-tu dans quels lieux...
Encor, si tu vivois dans ces climats heureux,
Qui, grace à d'autres mœurs, à des loix moins séveres,
Peuvent offrir des roys que chérissent leurs freres.
Où pres du maître assis, brillant de sa splendeur,
Quelquefois partageant le poids de sa grandeur,
Ils vont à des sujets placés loin de sa vue
De leurs devoirs sacrés rappeller l'étendue.
Et marchant, sur sa trace, aux conseils, aux combats,
Recueillent les honneurs attachés à ses pas;
Qu'à ce prix, signalant l'amitié fraternelle,
On mette son orgueil à s'immoler pour elle,
Je conçois cet effort. Mais en ces lieux! mais toi!
(III, viii, vv. 1063-1083)

En mettant l'accent sur la prétendue impossibilité de réaliser ce genre d'amitié dans la société ottomane, Roxelane fait valoir quand même le sens de la relativité. Néanmoins, dans le contexte de cette tragédie, les deux frères, tels que des amants classiques, finissent par être réunis dans la mort.

Quelle est en fin de compte la signification de la présence du thème de l'amitié dans l'œuvre de Chamfort? Claude Arnaud, en se penchant sur la vie de notre auteur sous la Révolution, propose que 'Contre la fatalité de la naissance et l'autorité des pères, Chamfort choisit la fraternité, cette génération horizontale'[8]. C'est là une interprétation séduisante qui tient compte du statut précaire de l'enfant illégitime qu'était Chamfort. Mais, sans l'écarter ni remettre en cause le rôle capital de l'amitié chez Chamfort, nous estimons qu'il ne faut

---

(8) Claude Arnaud, *Chamfort,* (Paris, 1988), p. 183.

pas négliger pour autant l'histoire littéraire. On n'a qu'à regarder la liste des pièces dressée à la fin de la monographie de Félix Gaiffe pour voir combien de fois les termes d'ami et d'amitié reviennent dans les titres et les sous-titres(9). On peut citer le cas de Diderot qui, dans *Le Fils naturel* (1757), traite d'une amitié où Dorval s'efface devant les désirs de Clairville et veut bien renoncer à l'amour au profit de l'amitié. Ce thème de l'amitié se retrouve aussi avec une insistance toute particulière dans les contes moraux si goûtés dans la deuxième moitié du siècle, témoin le *Jeannot et Colin* (1764) de Voltaire. On constate alors que si ce thème de l'amitié a un accent personnel chez Chamfort, il n'en est pas moins un thème à la mode.

REPRESENTATIONS ET JUGEMENTS CONTEMPORAINS

Le 7 août 1776 Chamfort écrit aux Comédiens Français:

> J'ai l'honneur de vous envoyer les rôles de la tragédie de *Mustapha et Zéangir* qui se trouve par le rang de M. de Chabanon sur la liste des pièces qu'on a bien voulu agréer pour le répertoire de Fontainebleau. Je dois vous prévenir, Messieurs, que M. le maréchal de Duras a jugé à propos de faire quelque changement dans la distribution de quelques inférieurs que j'avais faite moi-même...(10)

D'après La Harpe, Chamfort aurait lu sa pièce au roi et à la reine et aurait reçu d'avance l'approbation royale(11). En tout cas *Mustapha et Zéangir* est joué devant leurs majestés le 1er novembre et remporte beaucoup de succès. Dès le 2 novembre Larcher écrit à Voltaire:

> M. le prince de Condé qui aime à s'attacher des gens de mérite, vient de faire le Jeune Champfort secrétaire de ses commandements. Ce jeune auteur vient de donner à Fontainebleau, sa tragédie de Mustapha, qui a eu un grand succès. C'est la seule nouveauté qui ait Complètement réussit. (Best. D. 20381)(12)

---

(9) *Le Drame en France au xviiie siècle,* (Paris, 1910).

(10) *Revue d'histoire littéraire de la France,* xlii, 1935, p. 150.

(11) Maurice Pellisson, *Chamfort: étude sur sa vie, son caractère et ses écrits,* (Paris, 1895), p. 71.

(12) Le 19 novembre, le comte d'Argental écrit au patriarche de Ferney: 'Le seul Mustapha a trouvé grâce et encor le cinquième acte a déplu. On a trouvé le rosle de Mustapha manqué et celui d'une certaine princesse nulle.' (Best. D. 20412). Voltaire parle de Chamfort en termes laudatifs: 'Ce jeune homme a du talent, de la sensibilité, de la grâce et fait des vers très heureux.' (Best. D. 20396) et 'Si Racine a laissé quelques héritiers de son stile, il m'a paru qu'il avait partagé sa succession entre M^r De Laharpe et Mr de Champfort' (Best. D. 20453). Marie-Joseph Chénier ose affirmer que dans *Mustapha* 'souvent le style de Racine est heureusement rappelé' *(Tableau historique de l'état et des progrès de la*

Selon la *Correspondance littéraire*:

> On ne se souvient pas d'avoir vu un voyage de
> Fontainebleau aussi brillant que l'a été celui-ci; mais ce
> n'est pas en nouveautés littéraires. Une affluence de
> monde prodigieuse, des fêtes, des parties de jeu, des
> courses de chevaux, l'élégance et la variété des
> toilettes, en ont fait presque tous les frais. Quoique très
> accueillies par notre jeune souveraine, il faut avouer
> que les lettres ont encore assez peu contribué aux
> plaisirs de la cour. Sur dix ou douze pièces nouvelles
> représentées à Fontainebleau, une seule a réussi;
> encore y a-t-on trouvé un cinquième acte à refaire:
> c'est *Mustapha et Zéangir* de M. de Chamfort.
> Quelques corrections que cette pièce laisse à désirer,
> elle paroît avoir réuni tous les suffrages par la
> simplicité de sa conduite, par la noblesse des caractères
> et par la pureté du style. (CL, XI, p. 360)

Quant aux *Mémoires secrets* on lit:

> M. de Champfort n'a point trompé la cour dans son
> attente du succès de *Mustapha et Zéangir*. Cette
> tragédie a été aux nues et le méritoit. Un plan bien net,
> une conduite sage, une marche parfaitement suivie, des
> beautés de détail, du génie, des vers harmonieux, des
> idées les plus heureuses, l'amour fraternel peint au
> plus haut degré, ont valu au poëte des applaudissemens
> universels. On désire cependant quelques légers
> changemens dans le dénouement... Le Roi à son
> coucher a paru très satisfait de l'ouvrage... Molé s'est
> surpassé dans son jeu, mais son rôle est si beau! (B,
> IX, pp. 247-248)

L'Année littéraire ne se fait pas faute de présenter un jugement
semblable:

> La pièce de M. de Chamfort seule a eu un succès bien
> décidé, encore le cinquième acte a-t-il paru très
> défectueux; mais les quatre premiers sont, dit-on, de la
> plus grande beauté; ce qu'il y a de plus agréable pour
> M. de Champfort, c'est que la Reine elle-même a
> daigné lui en témoigner sa satisfaction. On fait courir
> dans Paris les propres paroles de cette Princesse

---

littérature française depuis 1789, 3eme éd.,(Paris, 1818), p. 112. Voir aussi l'abbé Sabatier
de Castries, *Les Trois siècles de la littérature française*, 5eme éd., (La Haye/Paris, 1781),
p. 469.

aimable dont l'affabilité ajoute encore un nouveau prix à ses bienfaits. Elles méritent d'être conservées, et je vais les rapporter, telles qu'on me les a envoyées.

"M. de Chamfort, au plaisir que m'a procuré la représentation de votre pièce, j'ai voulu joindre celui de vous annoncer que le Roi pour encourager vos talens et récompenser vos succès, vous fait une pension de 1200 liv. sur les menus. Et au remercîment de M. de Champfort, la Reine a ajouté: "Je vous demande pour remercîment de faire représenter vos pièces à Versailles". Rien de plus délicat et de plus flatteur en même temps.(13)

On ne s'étonne pas que Chamfort s'intéresse à voir représenter sa pièce à la Comédie Française. Effectivement il semble que ses vœux soient sur le point d'être exaucés l'année suivante. C'est de Chantilly que Chamfort écrit aux Comédiens Français le 21 juin 1777:

Vous ne devez pas etre surpris qu'aux approches des dangers d'une première représentation, je me sois effrayé et j'aye cherché a tourner au profit de mon ouvrage les derniers momens qui me restoient. Je m'étois flatté qu'etant a peine prets a jouer la Comedie de l'Egoisme vous me demandiez mon manuscrit beaucoup trop tot, et l'excès de ma timidité vous imputoit je l'avoue un excès de prevoyance. Mais puisqu'il faut que je triomphe de mes craintes, j'ai l'honneur de vous envoyer Messieurs, le manuscrit de Mustapha et Zeangir auquel je joins les roles de Solyman et de Roxelane, les seuls que j'eusse repris.

Il ne me reste plus qu'a recommander mon ouvrage a vos talens. Je leur dois l'indulgence qu'il a obtenue a Fontainebleau et la ville n'est pas moins

---

(13) *L'Année littéraire*, par l'abbé Groslier et M. Fréron, 1776, vol. 5, pp. 280-281. D'après la *Correspondance littéraire*, la reine s'intéressait toujours au sort de la pièce lors de sa représentation à Paris: 'Le lendemain de la première représentation, elle eut la bonté de dire en présence de tous les ambassadeurs qu'elle avait été la veille dans l'état du Métromane jusqu'au moment où on l'avait assurée du succès de l'ouvrage. Ayant vu le même jour M. de Rulhière, ancien ami de l'auteur, Sa Majesté voulut bien le charger de lui mander combien son succès l'avait intéressée. Voici les vers où M. de Rulhière s'est acquitté d'un devoir si précieux:

A. M. DE CHAMPFORT

Vos vers si doux et si bien faits
Ont peint de l'amitié les vertueux effets.
Une grâce touchante, une bonté suprême,
A, pour vous annoncer votre plus beau succès,
Daigné choisir l'amitié même.
(CL, décembre, 1777, pp. 32-33)

favorable que la cour a ceux auxquels il est redevable
de son succès.[14]

Dans un postscriptum il ajoute qu'il a donné à Mme Vestris (elle
interprétera le rôle de Roxelane) le manuscrit et 'les deux roles'. De
toute évidence, Chamfort croit que la représentation est imminente
malgré son désir de toujours remanier son texte. Son attente sera déçue
car la pièce sera rejouée à Fontainebleau avant d'être portée à la scène
à Paris. D'après les *Mémoires secrets* Lekain refusa de jouer dans cette
tragédie tandis que la participation de Larive fut due à l'ordre de la
reine (B, X, p. 271).

   Le *Mercure de France* souligne qu'une représentation de la
tragédie est 'depuis long-tems attendue et desirée' (décembre 1777, p.
163). Les problèmes qu'éprouvait Chamfort quant au dénouement de la
pièce étaient bien connus. Deux jours avant la première représentation
les *Mémoires secrets* prétendent que l'auteur a changé le dénouement
six ou sept fois (B, X, p. 308). Voici un extrait du compte rendu du
même périodique de la première de *Mustapha et Zéangir* à la Comédie
Française:

> (La tragédie) étoit attendue avec d'autant plus
> d'impatience, qu'elle avoit eu un grand succès aux
> deux représentations données à Fontainebleau, et que la
> ville, toujours jalouse de réformer les jugemens de la
> cour, désiroit voir si l'auteur avoit été justement exalté
> avec tant d'enthousiasme.
>   En général, on a trouvé sa tragédie très médiocre,
> foible d'intrigue, sans action, sans mouvement, sans
> caracteres vigoureusement frappés; il y a quelque
> sensibilité, de beaux vers par intervalle. Le quatrième
> acte produit un grand effet. Mais le second, le trois, et
> le cinq surtout n'ont pas réussi: le dénouement, changé
> si souvent, est encore détestable et contre toutes les
> regles de la tragédie, puisque les deux freres, les seuls
> personnages vertueux de la piece, succombent. Du
> reste, beaucoup de froideur et une longueur excessive
> rendent ce spectacle horriblement ennuyeux. (B, X, p.
> 313)

Le Journal de politique et de littérature se révèle moins sévère en
rendant compte de l'impression qu'a faite la tragédie:

> L'effet en a été médiocre dans les trois premiers Actes.
> On désiroit que l'Auteur eût mis dans les situations

---

(14) Lettre autographe dans les Archives de la Comédie Française.

l'intérêt qu'il a su mettre dans les détails qui ont été justement applaudis. Cet intérêt de situation se trouve un peu plus au quatrième Acte. La scène entre le pere et les deux fils est pathétique, & l'éloquence du style ajoute encore à l'effet théâtral. Cette scène a reçu les plus grands applaudissemens, & ils étoient mérités. Le cinquième Acte a été généralement désapprouvé. Il paroit même impossible qu'il reste dans l'état où il est. Il est inutile d'en détailler les défauts qui sont palpables, & d'ailleurs l'Auteur qui a fait trois fois cet Acte, probablement le changera encore.(15)

Toutefois on reconnaît le beau style du dramaturge, son 'expression est toujours élégante' tandis que ses 'vers plaisent à l'oreille, parlent à l'ame, & ne blessent presque jamais le bon goût' (p. 527). *Le Journal français* émet des sentiments mitigés:

> Cette Pièce reçoit de très grands applaudissements, & les mérite par la beauté de ses détails; mais elle n'a pas le véritable succès des Tragédies, qui est de faire répandre des larmes. On a trouvé le premier acte froid, l'exposition trop longue, chargée de récits peu intéressans & amenés sans art. On a fort admiré, dans le second acte, une scène entre Zéangir & son frère Mustapha. Le troisième a paru un peu vuide & languissant, parce que l'intérêt ne s'y soutient pas avec cette chaleur que le sujet promettait: mais le quatrième a enlevé tous les suffrages. C'est en effet le plus beau de la Pièce. Toute l'éloquence de l'amitié fraternelle y est déployée par Zéangir, pour fléchir le cœur de

(15) *Journal de politique et de littérature,* vol. 3, décembre, 1777, p. 526. Quant à Charles Collé, il se délecte à ironiser sur l'insuccès parisien: 'Les courtisans l'exaltèrent, que c'étoit une bénédiction! Corneille et Racine doivent faire place à Champfort. (...) Cette tant belle tragédie, si prônée à la cour, fut reçue assez froidement à Paris, et s'est traînée douze représentations sans beaucoup de spectateurs, et a été jugée sans intérêt et mauvaise à la lecture.' (*Journal et Mémoires de Charles Collé,* éd. H. Bonhomme, (Paris, 1868); vol. 3, p. 245, note). Mme Campan déclare que 'La tragédie de *Mustapha et Zéangir,* de M. de Chamfort, obtint le plus grand succès à Fontainebleau, sur le théâtre de la cour; (...) L'esprit d'opposition qui règnait (à Paris) aimait à infirmer les jugements de la cour' (*Mémoires sur la vie de Marie-Antoinette, reine de France et de Navarre,* éd. F. Barrière, (Paris, 1849), p. 131. Linguet, en revanche, soutient le contraire quand il parle du succès d'une tragédie 'd'un jeune homme qui donne les plus grandes espérances' (*Annales politiques, civiles et littéraires du dix-huitième siècle,* vol. 3, Londres, 1777, p. 154). A la même page il raconte une anecdote au sujet de l'abbé Morellet qui a assisté à une représentation de *Mustapha et Zéangir:* 'Un *abbé,* grand philosophe, s'y trouvoit avec une nièce qu'il a mariée, depuis peu, à un autre très grand philosophe aussi. La jeune femme aimable, sensible, n'ayant pas encore eu le tems d'apprendre de ses guides le secret de commander à son cœur et à ses yeux, et de ne se permettre que des gestes utiles, se livroit à toute impression que lui faisoit la piece. A un endroit qui serre le cœur, son visage se trouva couvert de larmes, "Fi donc, Madame, fi donc, lui dit l'oncle, d'un ton à la faire trembler: vous pleurez à la piece d'un homme *dont nous ne sommes pas surs.*'Û

Soliman son pere, en faveur de Mustapha, accusé de
trahison par Roxelane. La scène des deux freres, aux
genous de leur pere, produit le plus grand effet. On
s'accorde assez généralement à dire que le cinquième
acte ne tient presque pas à la Pièce, que le dénouement
n'est pas naturellement amené...(16)

Encore une fois c'est le style qui remporte les suffrages du critique qui
loue 'une versification noble, élégante, & soutenue' (p. 369). Le
Journal encyclopédique est carrément favorable à la pièce et va jusqu'à
louer la qualité du cinquième acte et finit par juger la tragédie comme
'une de celles qui feront, sans doute, le plus grand honneur à notre
siècle'(17).

Ce compte rendu du *Journal encyclopédique* est paru en février
1778 et on doit se demander si l'auteur parle de la première puisqu'il
est clair que Chamfort a apporté de nombreuses modifications à son
texte. *L'Esprit des journaux* qui publie des extraits tirés des comptes
rendus du *Journal français* et du *Journal de politique et de la littérature*
fait remarquer que La Harpe dans ce dernier journal a donné l'analyse
de la première. Par la suite Chamfort 'a fait à sa pièce des changemens
heureux qui lui méritent tous les jours de nouveaux applaudissemens.
(...) Le cinquième acte, qui (...) avoit laissé beaucoup à desirer à la
premiere representation, est aujourd'hui, de l'avis des connoisseurs,
tout ce qu'il doit être'(18). La Harpe, qui s'est brouillé avec Chamfort,
est loin d'abonder dans le même sens quand il affirme que 'Les
représentations ont été très peu suivies, faiblement applaudies, et
presque abandonnées dans le tems de l'année le plus favorable au
théâtre' (L, p. 71 note 1). Il n'en reste pas moins que la tragédie a
connu quinze représentations entre le 15 décembre 1777 et le 8 mars
1778. Les recettes de la première se montent à 3701 livres 13 sols 4
deniers tandis que celles de la dernière représentation se chiffrent à
2934 livres 13 sols 4 deniers. Le produit brut des quinze
représentations s'élève à 44170 livres 10 sols(19). Et pourtant, ce n'est
que beaucoup plus tard que Chamfort touchera sa part d'auteur:

J'ai reçu pour Mr de Chamfort, en vertu du pouvoir
que je joins ici, la somme de trois mille quatre cent
quatre vingt-neuf livres dix-neuf sols quatre deniers
pour les honoraires d'auteur de Mustapha et Zéangir

---

(16) *Le Journal français,* par messieurs Palissot et Clément, numéro xxiv, 30 décembre 1777,
     vol. 3, pp. 367-368. Condorcet écrit à Voltaire: 'On joue Mustpahy (sic) et Zéangir. Cette
     pièce m'a paru vide de passions et d'idées, mais bien écrite et remplie de choses
     Communes très bien tournées.' (Best. D. 20958).
(17) *Journal encyclopédique,* vol. 1, 3e partie, février 1778, p. 490.
(18) *L'Esprit des journaux,* février 1778, pp. 267, 280.
(19) Manuscrit dans les Archives de la Comédie Française.

échus jusqu'à ce jour sans préjudice de l'avenir à Paris
ce 21 décembre 1780. Caron de Beaumarchais[20]

EN GUISE DE CONCLUSION

A notre connaissance le 8 mars 1778 a vu la dernière représentation de
Mustapha et Zéangir, Chamfort aurait conclu qu'il n'avait pas le génie
tragique, qu'il ne serait pas le digne héritier de Racine. Du reste il faut
se rappeler que le néo-classicisme du dix-huitième siècle n'a pas
produit de tragédies d'une valeur durable. Nous estimons que la
tragédie, prise dans le carcan de doctrines sclérosées, n'était pas en
mesure de faire valoir la louange de l'amitié. Et pourquoi peindre
l'amitié en pays ottoman? La lecture d'un petit ouvrage de Saint-
Lambert, *Les Deux Amis, conte iroquois,* a incité Diderot à écrire *Les
Deux Amis de Bourbonne* (1770), texte où l'action se passe bel et bien
en France. Chamfort, lui aussi, apprendra que son fort sera la peinture
de la société qui l'entoure, mais en adoptant un autre mode d'écriture
qui consiste en éléments divers: anecdotes, caractères, maximes,
pensées. *Mustapha et Zéangir* fut une étape dans sa formation de
moraliste. Cette tragédie, ce travail de longue haleine, a joué un rôle
décisif dans sa vie que l'on place le reste de sa carrière sous le signe de
rupture ou de continuité.

EDITIONS DU TEXTE

A notre connaissance il n'existe qu'une seule édition du texte publiée
du vivant de l'auteur.

MUSTAPHA ET ZÉANGIR, /TRAGÉDIE/ en cinq actes et en vers;/
*Représentée sur le Théâtre de Fontainebleau, devant LEURS
MAJESTÉS, le premier novembre 1776 & le 7 Novembre 1777;/* A
Paris, sur le Théâtre de la Comédie française, le 15 décembre 1777./
DÉDIÉE A LA REINE,/ PAR M. DE CHAMFORT, *Secrétaire des
Commandemens de Son Altesse Sérénissime Monseigneur LE PRINCE
DE CONDÉ, Membre de l'Académie de Marseille,/ A PARIS,/* CHEZ
la Veuve DUCHESNE, Libraire, rue Saint-Jacques, au Temple du
Goût./ M. DCC. LXXVIII./ *Avec Approbation & Permission.*

Une version italienne fut publiée quatre ans plus tard.

MUSTAFO E ZANGHIRE/ TRAGEDIA/ Trasportata dal Francese/ In
verso sciolto Italiano/ *Parma*/ Dalla Stampiera Reale/ M. DCC.
LXXXII/ All'Altezza Reale di Fernando 1/ Infante di Spagna/ Duca di
Parma, Piacenza, Guastalla EC, EC, EC/ Il Dottore Vincenzo
Jacobucci.

---

(20) Original autographe dans les Archives de la Comédie Française.

NOTRE TEXTE

Nous reproduisons le texte de cette édition de 1778. Le manuscrit des Archives de la Comédie française n'est pas de la main de Chamfort. Toutefois il présente de nombreuses variantes qui montrent les changements que l'auteur apporta à son texte après la première représentation. Il est à noter que le permis d'imprimer est en date du 10 décembre 1777, c'est-à-dire antérieur à la première[21].

Document reproduit avec la gracieuse permission de la Bibliothèque-Musée de la Comédie Française.

---

(21) C'est à l'obligeance de M. John Renwick que nous avons acquis ce manuscrit et d'autres documents provenant des Archives de la Comédie Française. M. Renwick a constitué un fonds Chamfort au Centre de recherches révolutionnaires et romantiques à l'Université de Clermont-Ferrand.

Produit Brut des Représentations de Mustapha et Zéangir Tragédie en 5 actes par M. de Chamfort representée pour la N.re fois le lundy 15 X.bre 1777.

Année	Quantité des Représentations	Produit de la Recette à la porte	Produit par jour des Petites Loges à l'année	Totaux des deux Recettes Réunies par jour	Total G.al des Petites Loges, &c. à répartir en 314
	Lundy 15 X.bre 1777 1.re Representation ...	2,935. » »	766:13:4 ...	3,701. 13. 4.	
	Mercredy 17 . . 2. id.	2,786. » »	766. 13. 4.	3,552. 13. 4.	
	Samedy 20 . 3. id.	2,674.10.»	766. 13. 4.	3,441. 3. 4.	
	Lundy 22 . 4 id.	2,240.10.	766. 13. 4.	3,007. 3. 4.	
	Samedy 27 . 5.e id.	2,726.10.	766. 13. 4.	3,493. 3. 4.	
	Lundy 29 . 6. id.	1,936. 10. »	766. 13. 4.	2,703. 3. 4.	
	Mercredy 31. 7.e id.	1,366. 10. »	766. 13. 4.	2,133. 3. 4.	
	Samedy 3 9.bre 8.e id.	2,606. 10. »	766. 13. 4.	3,373. 3. 4.	
	Lundy 5 . 9.e id.	1,536. 10. »	766. 13. 4.	2,303. 3. 4.	
	Mercredy 7 . 10.e id.	1,428. 10. »	766. 13. 4.	2,195. 3. 4	
	Samedy 10 . 11.e id.	2,065. 10. »	766. 13. 4.	2,832. 3. 4	
	Samedy 17 . 12.e id.	2,413. 10. »	766. 13. 4.	3,180. 3. 4	
	Mercredy 11 f.er 13. id.	2,009. » »	766. 13. 4.	2,775. 13. 4.	
	Samedy 14 . 14.e id.	1,777. 10. »	766. 13. 4.	2,544. 3. 4.	
	Dimanche 8 Mars 15.e id.	2,168. » »	766. 13. 4.	2,934. 13. 4.	
		32,670: 10:»	11,500. » »		
		44,170.10. »		44,170.10. »	

Document reproduit avec la gracieuse permission de la Bibliothèque-Musée de la Comédie Française.

BIBLIOGRAPHIE SOMMAIRE

ARNAUD, Claude, *Chamfort*, (Paris, 1988)

BONCOMPAIN, Jacques, *Auteurs et Comédiens au XVIIIe siècle*, (Paris, 1976)

COULAUDON, Aimé, 'Chamfort fut-il plagiaire?', *Bulletin historique et scientifique de l'Auvergne*, 71, 1951, pp. 154-165

DAGEN, Jean, *Préface* à Chamfort: *Maximes et pensées, caractères et anecdotes*, (Paris, 1968), pp. 19-39

DAVIS Jr, J. H., *Tragic Theory and the Eighteenth-Century French Critics*, (Chapel Hill, 1967)

DOUSSET, Emile, *Un moraliste du XVIIIe siècle: Sébastien-Roch-Nicolas Chamfort et son temps*, (Paris, 1943; réédition, Clermont-Ferrand, 1974)

DOUTRELANT, Jean-Luc, 'L'Orient tragique au XVIIIe siècle', *Revue des sciences humaines*, XXXVII, avril-juin, 1972, pp. 283-300

GERSON, Frédérick, *L'amitié au XVIIIe siècle*, (Paris, 1974)

HENRIET, Maurice, 'Thomas et ses amis', *Bulletin du bibliophile*, 1918, pp. 318-338

KATZ, Eve, 'Chamfort', *Yale French Studies*, 1968, pp. 32-46

LANCASTER, H. Carrington, *French Tragedy in the Reign of Louis XVI and the early years of the Revolution, 1774-1792*, (Baltimore, 1953)

MENANT, Sylvain, 'Chamfort: naissance d'un moraliste', *Cahiers de l'Association Internationale des Etudes Françaises*, 30, 1978, pp. 181-194

PELLISSON, Maurice, *Chamfort, étude sur sa vie, son caractère et ses écrits*, (Paris, 1895; réédition, Genève, 1970)

RENWICK, John, *Chamfort devant la postérité 1794-1984*, Studies on Voltaire and the Eighteenth Century, 247 (Oxford, 1986)

RIDGEWAY, R. S., *'Camus's favourite moralist'*, Studies on Voltaire and the Eighteenth Century, 199 (Oxford 1981), pp. 363-373

TODD, Christopher, *Voltaire's disciple: J.-F. de La Harpe*, (London, 1972)

MUSTAPHA
ET
ZÉANGIR
TRAGÉDIE

en cinq actes et en vers;

Représentée sur le Théâtre de Fontainebleau,
devant LEURS MAJESTÉS, le premier
Novembre 1776 & le 7 Novembre 1777;

A Paris, sur le Théâtre de la Comédie Française,
le 15 Décembre 1777.

Dédiée A LA REINE,

PAR M. DE CHAMFORT, *Secrétaire des*
Commandemens de Son Altesse Sérénissime
Monseigneur LE PRINCE DE CONDÉ, Membre de
l'Académie de Marseille.

Le prix est de 30 sols

A PARIS,
CHEZ la veuve DUCHESNE, Libraire, rue
Saint-Jacques, au Temple du Goût.

M. DCC. LXXXVIII.

Avec Approbation et Permission

A LA REINE

MADAME,

    L'indulgente approbation dont VOTRE MAJESTÉ a daigné honorer la tragédie de *Mustapha et Zéangir* m'avoit fait concevoir l'espérance de lui présenter cet ouvrage, et vos bontés ont rendu ce vœu plus cher à ma reconnaissance. Heureux, si je pouvois, MADAME, la consacrer par de nouveaux efforts, si je pouvois justifier vos bienfaits par d'autres travaux et trouver grace devant VOTRE MAJESTÉ, par le mérite de mes ouvrages, plus que par le choix de leur sujet! En effet, MADAME, le triomphe de la tendresse fraternelle, l'amitié généreuse et les combats magnanimes de deux héros avoient naturellement trop de droits sur votre ame, et peindre des vertus, c'étoit s'assurer l'honneur du suffrage de VOTRE MAJESTÉ,

        Je suis avec un très profond respect,
        MADAME,
        DE VOTRE MAJESTÉ,
        Le très humble, très obéissant,
        et très fidèle sujet,
        Chamfort.

PERSONNAGES	ACTEURS
SOLIMAN, Empereur des Turcs	M. Brizard
ROXELANE, Epouse de Soliman	Mme Vestris
MUSTAPHA, fils ainé de SOLIMAN, mais d'une autre femme	M. Larive
ZÉANGIR, fils de SOLIMAN & de ROXELANE	M. Molé
AZÉMIRE, Princesse de Perse	Mlle. Sainval
OSMAN, Grand Visir	M. Duffaut
ALI, Chef des Janissaires	M. Vanhove
ACHMET, ancien Gouverneur de MUSTAPHA	M. Dauberval
FELIME, Confidente d'AZÉMIRE	Mlle.la Chassaigne
NESSIR, Gardes	

La scène est dans le serrail de Constantinople, autrement Bysance.

ACTE I

SCENE PREMIERE

ROXELANE, OSMAN, gardes.

OSMAN

Oui, Madame, en secret le Sultan vient d'entendre
Le récit des succès que je dois vous apprendre;
Les Hongrois sont vaincus, et Témesvar surpris,
Garant de ma victoire, en est encor le prix.
5   Mais tout prêt d'obtenir une gloire nouvelle,
Dans Bysance aujourd'hui quel ordre me rappelle?

ROXELANE

Eh! quoi, vous l'ignorez... oui, c'est moi seule, Osman,
Dont les soins ont haté l'ordre de Soliman.
Visir, notre ennemi se livre à ma vengeance.
10   Le Prince dès ce jour, va paroitre à Bysance.
Il revient: ce moment doit décider enfin
Et du sort de l'Empire et de notre destin.
On sçaura si, toujours puissante, fortunée,
Roxelane, vingt ans d'honneurs environnée,
15   Qui vit du monde entier l'arbitre à ses genoux,
Tremblera sous les loix du fils de son époux:
Ou si de Zéangir l'heureuse et tendre mere
Dans le sein des grandeurs achevant sa carriere,
Dictant les volontés d'un fils respectueux,
20   De l'univers encore attachera les yeux.

OSMAN

Que n'ai-je, en abbattant une tête ennemie,
Assuré d'un seul coup vos grandeurs et ma vie!
J'osois vous en flatter: le Sultan soupçonneux
M'ordonnoit de saisir un fils victorieux,
25   Dans son gouvernement, au sein de l'Amasie;
Je pars sur cet espoir: j'arrive dans l'Asie.
J'y vois notre ennemi des peuples révéré,
Chéri de ses soldats, partout idolatré;
Ma présence effrayoit leur tendresse allarmée,

VARIANTES
Nous donnons ici les variantes qui figurent dans la copie manuscrite du souffleur de la Comédie Française. Ce manuscrit renferme beaucoup de ratures et de nombreuses additions, surtout dans les derniers actes. A l'intérieur des variantes, nos remarques sont placées entre parenthèses. Les variantes sont encadrées, s'il en est besoin, par un ou plusieurs mots du texte de base. Les mots supprimés sont placés entre crochets. Les mots ajoutés sont précédés d'une flèche verticale dirigée vers le haut ↑ ou d'une croix † pour indiquer que l'addition est inscrite au-dessus ou au-dessous de la ligne.

Var : v. 1 : en ces lieux, le Sultan

30   Et si le moindre indice eut instruit son armée
        De l'ordre et du dessein qui conduisoit mes pas;
        Je périssois, Madame, et ne vous servois pas.

                        ROXELANE

        Soyez tranquille, Osman, vous m'avez bien servie:
        Puisqu'on l'aime à ce point, qu'il tremble pour sa vie.
35   Je sçais que Soliman n'a point, dans ses rigueurs,
        De ses cruels ayeux déployé les fureurs,
        Que souvent, près de lui, la terre avec surprise
        Sur le trône ottoman vit la clémence assise;
        Mais s'il est moins féroce, il est plus soupçonneux,
40   Plus despote, plus fier, non moins terrible qu'eux.
        J'ignore si, d'ailleurs, au comble de la gloire,
        Couronné quarante ans des mains de la victoire,
        Sans regret pour son fils un pere est égalé;
        Mais le fils est perdu, si le pere a tremblé.

                        OSMAN

45   Ne m'écrivez-vous point qu'une lettre surprise,
        Par une main vénale entre vos mains remise,
        Du Prince et de Thamas trahissant les secrets,
        Doit prouver qu'à la Perse, il vend nos intérêts?
        Cette lettre, sans doute, au Sultan parvenue...

                        ROXELANE

50   Cette lettre, Visir, est encore inconnue.
        Mais apprenez quel prix le Sultan, par ma voix,
        Annonce en ce moment au vainqueur des Hongrois.
        De ma fille à vos voeux par mon choix destinée,
        Il daigne à ma priere approuver l'hymenée,
55   Et ce noeud sans retour unit nos intérêts.
        J'ai pu, jusqu'aujourd'hui, sans nuire à nos projets
        Dans le fonds de mon coeur ne point laisser surprendre
        Tous les secrets qu'ici j'abandonne à mon gendre.
        Ecoutez: du moment qu'un hymen glorieux
60   Du Sultan pour jamais m'eut asservi les voeux,
        Je redoutai le Prince: idole de son pere,
        Il pouvoit devenir le vengeur de sa mere:
        Il pouvoit... cher Osman, j'en frémissois d'horreur;
        Au faite du pouvoir, au sein de la grandeur,
65   Du serrail, de l'Etat, souveraine paisible,
        Je voyois dans le fonds de ce palais terrible
        Un enfant s'élever pour m'imposer la loy:
        Chaque instant redoubloit ma haine et mon effroi.
        Les coeurs voloient vers lui: sa fierté, son courage,
70   Ses vertus s'annonçoient dans les jeux de son age;
        Et, ma rivale un jour, arbitre de mon sort,
        M'eut présenté le choix des fers ou de la mort.

Tandis que ces dangers occupoient ma prudence,
Le ciel de Zéangir m'accorda la naissance;
75   Je triomphois, Osman, j'étois mere: et ce nom
Ouvroit un champ plus vaste à mon ambition.
Je cachai toutefois ma superbe espérance:
De mon fils près du Prince on éleva l'enfance,
Et même l'amitié, vain fruit des premiers ans,
80   Sembla mêler son charme à leurs jeux innocens.
Bientot mon ennemi, plus agé que son frere,
S'enflammant au récit des exploits de son pere,
S'indigna de languir dans le sein du repos,
Et brula de marcher sur les pas des héros.
85   Avec plus d'art alors cachant ma jalousie,
Je fis à son pouvoir confier l'Amasie,
Et, tandis que mes soins l'exiloient prudemment,
Tout l'Empire me vit avec étonnement,
Assurer à ce Prince un si noble partage,
90   De l'héritier du trône ordinaire appanage;
Sa mere auprès de lui courut cacher ses pleurs.
Mon fils, demeuré seul, attira tous les coeurs:
Mon fils à ses vertus sçait unir l'art de plaire,
Presqu'autant qu'à moi-même, il fut cher à son pere,
95   Et, remplaçant bientot le rival que je crains,
Déjà, sans les connoitre, il servoit mes desseins.
Je goutois, en silence, une joie inquiette,
Lorsque, las de payer le prix de sa défaite,
Thamas à Soliman refusa les tributs,
100 Salaire de la paix que l'on vend aux vaincus.
Il fallut pour arbitre appeller la victoire.
Le Prince, jeune, ardent, animé par la gloire,
Brigua près du Sultan l'honneur de commander.
Aux voeux de tout l'Empire il me fallut céder,
105 Eh! qui sçavoit, Osman, si la guerre inconstante,
Punissant d'un soldat la valeur imprudente,
N'auroit pu?... Vain espoir! les Persans terrassés,
Trois fois dans leurs déserts devant lui dispersés,
La fille de Thamas, aux chaines réservée,
110 Dans Tauris pris d'assaut par ses mains enlevée,
Ces rapides exploits l'ont mis dès son printems,
Au rang de ces héros, honneur des Ottomans...
J'en rends grace au ciel... oui c'est sa renommée,
Cet amour, ces transports du peuple et de l'armée,
115 Qui, d'un maitre superbe aigrissant les soupçons,
A ses regards jaloux ont paru des affronts.
Il n'a pu se contraindre, et son impatience
Rappelle sans détour le Prince dans Bysance:
Je m'en applaudissois, quand le sort dans mes mains
120 Fit passer cet écrit propice à mes desseins.
Je voulois au Sultan contre un fils que j'abhorre...
Il faut que ce billet soit plus funeste encore;
Le Prince est violent et son malheur l'aigrit,

Var : v. 73 : ces périls

Il est fier, inflexible, il me hait; il suffit.
125   Je sçais l'art de pousser ce superbe courage
A des emportemens qui serviront ma rage;
Son orgueil finira ce que j'ai commencé.

OSMAN

Hâtez-vous: qu'à l'instant l'arrêt soit prononcé,
Avant que l'ennemi que vous voulez proscrire
130   Sur le coeur de son pere ait repris son empire.
Mais ne craignez-vous point cette ardente amitié
Dont votre fils, Madame, à son frere est lié?
Vous-même, pardonnez à ce discours sincere,
Vous-même, l'envoyant sur les pas de son frere,
135   D'une amitié fatale avez serré les noeuds

ROXELANE

Eh! quoi, falloit-il donc qu'enchainé dans ces lieux,
Au sentier de l'honneur mon fils n'osat paroitre?
Entouré de héros Zéangir voulut l'etre.
Je l'adore, il est vrai, mais c'est avec grandeur.
140   J'approuvai, j'admirai, j'excitai son ardeur:
La politique même appuyoit sa priere;
Du trône sous ses pas j'abaissois la barriere.
Je crus que, signalant une heureuse valeur,
Il devoit à nos voeux promettre un Empereur,
145   Digne de soutenir la splendeur ottomane.
Eh! comment soupçonner qu'un fils de Roxelane,
Si près de ce haut rang, pourroit le dédaigner,
Et former d'autres voeux que celui de régner?
Mais non; rassurez-vous, quel excès de prudence
150   Redoute une amitié, vaine erreur de l'enfance,
Prestige d'un moment, dont les foibles lueurs
Vont soudain disparoitre à l'éclat des grandeurs?
Mon fils...

OSMAN

Vous ignorez à quel excès il l'aime.
Je ne puis vous tromper, ni me tromper moi-même.
155   Je déteste le Prince autant que je le crains:
Il doit haïr en moi l'ouvrage de vos mains,
Un visir qui le brave et bientot votre gendre:
D'Ibrahim qu'il aimoit il veut venger la cendre;
Successeur d'Ibrahim, je puis prévoir mon sort.
160   S'il vit, je dois trembler: s'il regne, je suis mort:
Jugez sur ses destins quel intérêt m'éclaire.
Perdez votre ennemi, mais redoutez son frere,
Par des noeuds éternels ils sont unis tous deux.

Var : v. 143 : Je crus [qu'en]

ROXELANE

165
Zéangir!... Ciel!... mon fils!... il trahiroit mes voeux!
Ah! s'il étoit possible... oui, malgré ma tendresse...
Je suis mere, il le sçait, mais mere sans foiblesse.
Ses frivoles douleurs ne pourroient m'allarmer;
Et mon coeur en l'aimant sçait comme il faut l'aimer.

OSMAN

170
Il est d'autres périls dont je dois vous instruire.
Je crains que, dans ces lieux, cette jeune Azémire
N'ouvre à l'amour enfin le coeur de votre fils.

ROXELANE

175

180

185
J'ai mes desseins, Osman; captive dans Tauris,
Je la fis demander au vainqueur de son pere.
La fille de Thamas peut m'etre nécessaire;
Vous sçaurez mes projets, quand il en sera tems.
Allez; j'attends mon fils; profitez des instans,
Assiegez mon époux: Sultane et belle mere,
Jusqu'au moment fatal je dois ici me taire:
Parlez: de ses soupçons nourrissez la fureur;
C'est par eux qu'en secret j'ai détruit dans son coeur
Ce fameux Ibrahim, cet ami de son maitre,
S'il est vrai toutefois qu'un sujet puisse l'etre:
Plus craint, notre ennemi sera plus odieux;
Du despotisme ici tel est le sort affreux:
Ainsi que la terreur, le danger l'environne.
Tout tremble à ses genoux, il tremble sur le trône.
On vient. C'est Zéangir. Un instant d'entretien,
Me devoilant son coeur va décider le mien.

SCENE II

ROXELANE, ZEANGIR.

ROXELANE

190

195
Mon fils, le tems approche, où devançant votre age,
De mes soins maternels accomplissant l'ouvrage,
Vous devez assurer l'effet de mes desseins.
Elevez votre coeur jusques à vos destins.
Le Sultan, notre amour veut en vain nous le taire,
Touche au terme fatal de sa longue carriere;
De l'Euphrate au Danube, et, d'Ormus à Tunis,*
Cent peuples sous ses loix étonnés d'etre unis,
Vont voir à qui le sort doit mettre en partage
De sceptres, de grandeurs, cet immense héritage.

Var : v. 192 : [Il faut que votre cœur reponde a vos destins]
            (La correction adoptée et inscrite en haut est la leçon du texte de base)
* Les Flottes de Soliman pénétrèrent jusque dans le Golfe Persique.

Le Prince, après huit ans, rappellé dans ces lieux...

ZEANGIR

200   Ah! je tremble pour lui.

ROXELANE

à part

Qui? vous, mon fils!... O Cieux!

ZEANGIR

C'est pour lui que j'accours: souffrez que ma priere
Implore vos bontés en faveur de mon frere.
Les enfans des Sultans, (vous ne l'ignorez pas),
Bannis pour commander en de lointains climats,
205   Ne peuvent en sortir sans l'ordre de leur pere.
Mais cet ordre est souvent terrible, sanguinaire...
Sur le seuil du palais si mon frere immolé...

ROXELANE

Et voilà de quels soins votre coeur est troublé,
De nos grands intérêts quand mon ame est remplie,
210   Quand vous devez regler le sort de notre vie.

ZEANGIR

Moi!

ROXELANE

à part.

Vous... ciel! qu'il est loin de concevoir mes voeux!
Ceux dont ici pour vous le zele ouvre les yeux
Vous tracent vers le trône un chemin légitime.

ZEANGIR

Le trône est à mon frere, y penser est un crime.

ROXELANE

215   Il est vrai, qu'en effet, s'il eut persévéré,
S'il eut vaincu l'orgueil dont il est dévoré,
S'il n'eut trahi l'Etat, vous n'y pouviez prétendre.

ZEANGIR

Qui?... lui! trahir l'Etat! o ciel! puis-je l'entendre?
Croyez qu'en cet instant, pour dompter mon courroux,
220   J'ai besoin du respect que mon coeur a pour vous!
Qui venois-je implorer? quel appui pour mon frere!

ROXELANE

Eh bien! préparez-vous à braver votre pere.
Prouvez-lui que ce fils, noirci, calomnié,
D'aucun traité secret à Thamas n'est lié:
225 Que depuis son rappel, ses délais qu'on redoute,
Sur lui, sur ses desseins ne laissent aucun doute.
Mais tremblez que son pere, aujourd'hui dans ces lieux,
N'ait de la trahison la preuve sous ses yeux.

ZEANGIR

Quoi!... non, je ne crains rien, rien que la calomnie.
230 Rougissez du soupçon qui veut flétrir sa vie
Il est indigne, affreux.

ROXELANE

Modérez-vous, mon fils.
Eh! bien! nous pourrons voir nos doutes éclaircis.
Cependant, vous deviez, s'il faut ici le dire,
Excuser une erreur qui vous donne un Empire.
235 Vous le sacrifiez: quel repentir un jour!...

ZEANGIR

Moi! jamais.

ROXELANE

Prévenez ce funeste retour.
Quel fruit de mes travaux! quel indigne salaire!
Sçavez-vous pour son fils ce qu'a fait votre mere?
Sçavez-vous quels degrés préparant ma grandeur,
240 D'avance, par mes soins, fondoient votre bonheur?
Née, on vous l'a pu dire, au sein de l'Italie,
Surprise sur les mers qui baignent ma patrie,
Esclave, je parus aux yeux de Soliman:
Je lui plus: il pensa qu'éprise d'un Sultan,
245 M'honorant d'un caprice, heureuse de ma honte,
Je briguerois moi-même une défaite prompte.
Qu'il se vit détrompé! ma main, ma propre main
Prévenant mon outrage, alloit percer mon sein;
Il pâlit à mes pieds, il connut sa maitresse.
250 Ma fierté, son estime accrurent sa tendresse;
Je sçus m'en prévaloir: une orgueilleuse loi
Défendoit que l'hymen assujettit sa foi;
Cette loi fut proscrite, et la terre étonnée
Vit un Sultan soumis au joug de l'hymenée.
255 Je goutai, je l'avoue, un instant de bonheur.
Mais bientot, mon cher fils, lasse de ma grandeur,

Var : v. 230 : ↑ Frémissez ('Rougissez' n'est pas biffé)
Var : v. 242 : Surprise [par] (La correction adoptée et inscrite en haut est la leçon du
texte de base)

Une langueur secrète empoisonna ma vie.
Je te reçus du ciel, mon ame fut remplie.
Ce nouvel intérêt, si tendre, si pressant,
260   Répandit sur mes jours un charme renaissant.
J'aimai plus que jamais ma nouvelle patrie:
La gloire vint parler à mon ame agrandie;
J'enflammai d'un époux l'heureuse ambition,
Près de son nom peut-etre, on placera mon nom.
265   Eh bien! tous ces surcroîts de gloire, de puissance,
C'est à toi que mon coeur les soumettoit d'avance;
C'est pour toi que j'aimois et l'Empire et le jour
Et mon ambition n'est qu'un excès d'amour.

ZEANGIR

Ah! vous me déchirez; mais quoi, que faut-il faire?
270   Faut-il tremper mes mains dans le sang de mon frere,
Moi, qui voudrois pour lui voir le mien répandu?

ROXELANE

Quoi! vous l'aimez ainsi? Dieux! quel charme inconnu
Peut lui donner sur vous cet excès de puissance?

ZEANGIR

Le charme des vertus, de la reconnaissance,
275   Celui de l'amitié,... Vous me glacez d'effroi.

ROXELANE

Adieu.

ZEANGIR

Qu'allez-vous faire?

ROXELANE

Il est affreux pour moi
D'avoir à séparer mes intérêts des vôtres.
Ce coeur n'etoit pas fait pour en connoitre d'autres.

ZEANGIR

Vous fuyez! Dans quel tems m'accable son courroux!
280   Quand un autre intérêt m'appelle à ses genoux,
Quand d'autres voeux...

ROXELANE

Comment!

Var : v. 279 : [Vous fuyez]
   ↑ Elle fuit

ZEANGIR

Je tremble de le dire.

ROXELANE

Parlez.

ZEANGIR

Si mon destin m'écarte de l'empire,
Il est un bien plus cher et plus fait pour mon coeur,
Qui pourroit à mes yeux remplacer la grandeur.
285 Sans vous, sans vos bontés, je n'y dois point prétendre.
Je l'oserois par vous.

ROXELANE

Je ne puis vous entendre.
Mais quel que soit ce bien pour vous si précieux,
Il est à vous, mon fils, si vous ouvrez les yeux.
Votre imprudence ici renonce au rang suprême,
290 Vous en voyez le fruit, et dans cet instant même
Il vous faut implorer mon secours, ma faveur:
Régnez, et de vous seul dépend votre bonheur;
Et sans avoir besoin qu'une mere y consente,
Vous verrez à vos loix la terre obéissante.

SCENE III

ZEANGIR *seul*

295 Quels assauts on prépare à ce coeur effrayé!
Craindrois-je pour l'amour, tremblant pour l'amitié?
O mon frere, O cher prince! après un an d'absence,
Hélas! étoit-ce à moi de craindre sa présence?
J'augmente ses dangers... je vole à ton secours...
300 Et c'est ma mere, o ciel! qui menace tes jours.
Se peut-il que d'un crime, on me rende complice,
Et que je sois formé d'un sang qui te haïsse?

SCENE IV

ZEANGIR, AZEMIRE

ZEANGIR

Ah! Princesse, apprenez, partagez ma douleur.
Ma voix, de la Sultane implorant la faveur,
305 Et de mes feux secrets découvrant le mistère
Alloit à mon bonheur intéresser ma mere,

Var : v. 288 : [Mon fils, il est a vous] (La correction adoptée et inscrite en haut est la
leçon du texte de base)

Quand j'ai compris soudain sur un affreux discours,
Quels périls vont du prince environner les jours.

AZEMIRE

Eh! quoi, que faut-il craindre? et quel nouvel orage...

ZEANGIR

310   Souffrez qu'entre vous deux mon ame se partage
Que d'un frere à vos yeux j'ose occuper mon coeur
Vous pouvez le haïr, je le sçais.

AZEMIRE

Moi, Seigneur.

ZEANGIR

Je ne me flatte point: par lui seul prisonniere,
C'est par lui qu'Azémire est aux mains de mon pere.
315   L'instant où je vous vis est un malheur pour vous,
Et mon frere est l'objet d'un trop juste courroux.

AZEMIRE

Par mon seul intérêt mon ame prévenue,
A ses vertus, Seigneur, n'a point fermé ma vue.
Je suis loin de haïr un généreux vainqueur.
320   Ses soins ont de mes fers adouci la rigueur;
Il a même permis que mes yeux, dans son ame,
Vissent... quelle amitié pour son frere l'enflamme.

ZEANGIR

Ah! que n'avez-vous pu lire au fond de son coeur!
De tous ses sentimens connoitre la grandeur,
325   Vous sçauriez à quel point son amitié m'est chere.

AZEMIRE

Je vous l'ai dit, Seigneur, j'admire votre frere.
Je sens que son danger doit vous faire frémir.
Quel est-il?

ZEANGIR

On prétend, on ose soutenir
Qu'avec Thamas, Madame, il est d'intelligence.

AZEMIRE

330   O ciel! qui peut ainsi flétrir son innocence?

ZEANGIR

De ces affreux soupçons je confondrai l'auteur.
Mais, si j'ose, à mon tour, soigneux de mon bonheur...

AZEMIRE

Faut-il de mes voeux vous le fassiez dépendre?
D'un trop funeste amour que devez-vous attendre?
335 Nos destins par l'hymen peuvent-ils etre unis?
Thamas et Soliman, éternels ennemis,
Dans le cours d'un long regne, illustre par la guerre,
De leurs sanglans débats ont occupé la terre,
Et, malgré ses succès, votre pere, Seigneur,
340 Laisse, au seul nom du mien, éclater sa fureur.
Je vois que votre amour gémit de ce langage;
Mais mon coeur, je le sens, gémiroit davantage,
Si le vôtre, Seigneur, par le tems détrompé,
Me reprochoit l'espoir dont il s'est occupé.

ZEANGIR

345 Non: je serai moi seul l'auteur de mon supplice,
Cruelle; je vous dois cette affreuse justice.
Mais je veux, malgré vous, par mes soins redoublés,
Triompher des raisons qu'ici vous rassemblez;
Et si dans vos refus votre ame persévere,
350 Mes larmes couleront dans le sein de mon frere.

SCENE V

AZEMIRE, FELIME.

AZEMIRE

Dans le sein de son frere... ah! souvenir fatal!
Pour essuyer ses pleurs il attend son rival.
Quelle épreuve! et c'est moi, grand Dieu! qui la prépare.

FELIME

Je conçois les terreurs où votre coeur s'égare;
355 Mais un mot, pardonnez, pouvoit les prévenir.
L'aveu de votre amour...

AZEMIRE

J'ai dû le retenir.
Quand un ordre cruel, m'appellant à Bysance
Du Prince, après trois mois, m'eut ravi la présence,
Sa tendresse, Félime, exigea de ma foi
360 Que ce fatal secret ne fût livré qu'à toi.
Il craignoit pour tous deux sa cruelle ennemie.
Est-ce elle dont la haine arme la calomnie?

A-t-il pour notre hymen sollicité Thamas?
O ciel! que de dangers j'assemble sur ses pas!
365   Etrange aveuglement d'un amour téméraire!
Ces raisons qu'à l'instant j'opposois à son frere,
Contre le Prince, hélas! parloient plus fortement,
Je les sentois à peine auprès de mon amant:
Et quand plus que jamais ma flamme est combattue,
370   C'est l'amour d'un rival qui les offre à ma vue.

FELIME

Je frémis avec vous, pour vous-même et pour eux.
Eh! qui peut sans douleur, voir deux coeurs vertueux
Briser les noeuds sacrés d'une amitié si chere,
Et contraints de haïr un rival dans un frere.

AZEMIRE

375   Ah! loin d'aigrir les maux d'un coeur trop agité,
Peins-moi, plutôt, peins-moi leur générosité;
Peins-moi de deux rivaux l'amitié courageuse
De ces nobles combats sortant victorieuse,
Et d'un exemple unique étonnant l'univers,
380   Mais un trône, l'amour! des intérêts si chers...
Fuyez, soupçons affreux; gardez-vous de paroitre.
Quel espoir, cher amant, dans mon coeur vient de naitre,
Quand ton frere à mes yeux partageant mon effroy,
Au lieu de son amour ne parloit que de toi!
385   L'amitié dans son ame égaloit l'amour même:
Il te rendoit justice, et c'est ainsi qu'on t'aime.
Tu verras une amante, un rival malheureux,
Unir pour te sauver leurs efforts et leurs voeux.
Le ciel qui veut confondre et punir ta marâtre
390   Charge de ta défense un fils qu'elle idolâtre.

Fin du Premier Acte

ACTE II

SCENE PREMIERE

MUSTAPHA, ACHMET.

MUSTAPHA

Est-ce toi, cher Achmet, que j'embrasse aujourd'hui,
Toi de mes premiers ans et le guide et l'appui?
Ah! puisqu'à mes regards on permet ta présence,
De mes fiers ennemis je crains peu la vengeance:
395   Par tes conseils prudens je puis parer leurs coups:
Un si fidèle ami...

ACHMET

             Prince, que faites-vous?
D'un tel excès d'honneur mon ame est accablée.
Je voudrois voir ma vie à la vôtre immolée
Mais ce titre...

MUSTAPHA

             Tes soins ont sçu le mériter.
400   Pour en etre plus digne il le faut accepter.
On m'accuse en ces lieux d'un orgueil inflexible;
C'est du moins, cher Achmet, celui d'un cœur sensible.
Je sçais chérir toujours et ton zèle et ta foi,
Et l'orgueil des grandeurs est indigne de moi.
405   Voilà donc ce séjour si cher à mon enfance,
Où jadis... quel accueil après huit ans d'absence!
Tu le vois, c'est ainsi qu'on reçoit un vainqueur.
On dérobe à mes yeux l'empressement flatteur
D'un peuple, dont la joye honoroit mon entrée.
410   Une barque en secret, sur la mer préparée,
Aux portes du serrail me mène obscurément.
Un ordre me prescrit d'attendre le moment
Qui doit m'admettre aux pieds de mon juge sévere,
Il faut que je redoute un regard de mon pere,
415   Et que l'amour d'un fils, muet à son aspect,
Se cache avec terreur sous un morne respect.

ACHMET

Ecartez, croyez-moi, cette sombre pensée:
N'enfoncez point les traits dont votre ame est blessée.
A vos dangers, au sort conformez votre cœur:
420   Du joug, sans murmurer, souffrez la pesanteur:
De vos exploits, surtout, bannissez la mémoire;
Plus que vos ennemis, redoutez votre gloire,

Var : v. 409 : dont la [foule]

Et d'un visir jaloux confondant les desseins,
Tremblez aux pieds d'un trône affermi par vos mains.

MUSTAPHA

425   Le lâche! d'Ibrahim il occupe la place;
Un jour... dirois-tu bien que sa superbe audace
Dans mon camp, sous mes yeux, vouloit dicter des loix?

ACHMET

De vos ressentimens, Prince, étouffez la voix.

MUSTAPHA

Qui, moi! souffrir l'injure et dévorer l'offense!
430   Détester sans courroux et frémir sans vengeance!...
Je le voudrois en vain, n'attends point cet effort...
Pardonne, cher Achmet, pardonne à ce transport:
Je devrois, je le sens, vaincre ma violence:
Mais prends pitié d'un cœur déchiré dès l'enfance,
435   Que d'horreur, d'amertume on se plut à nourrir,
D'un cœur fait pour aimer qu'on force de haïr.
Eh! qui jamais du sort sentit mieux la colere?
Témoin, presqu'en naissant, des ennuis de ma mère,
Confident de ses pleurs dans son sein recueillis,
440   Le soin de les sécher fut l'emploi de son fils.
Elle fuit avec moi, je pars pour l'Amasie.
Dès ce moment, Achmet, l'imposture, l'envie,
Quand je verse mon sang, osent flétrir mes jours:
Une indigne marâtre empoisonne leur cours.
445   Vainqueur dans les combats, consolé par la gloire,
Je n'ose aux pieds d'un maitre apporter la victoire.
Je m'écarte en tremblant du trône paternel,
Je languis dans l'exil, en craignant mon rappel.
J'en reçois l'ordre, Achmet; et quand? lorsque ma mere
450   A besoin de ma main pour fermer sa paupiere.
A cet ordre fatal juge de son effroi;
Expirante à mes yeux elle a poli pour moi.
Ses soupirs, ses sanglots, ses muettes caresses,
Remplissoient de terreur nos dernieres tendresses:
455   J'ai lu tous mes dangers dans ses regards écrits,
Et sur son lit de mort elle a pleuré son fils.
Ah! cette image encor me poursuit et m'accable;
Et tandis qu'occupé d'un devoir lamentable,
Je recueillois sa cendre et la baignois de pleurs,
460   Ici, l'on accusoit mes coupables lenteurs:

Var : v. 424 : au pied du thrône
Var : v. 425 : d'un grand homme il occupe
Var : v. 438 : des douleurs de ma mere
Var : v. 449 : l'ordre, [enfin] (La correction adoptée et inscrite en haut est la leçon du
        texte de base)
Var : v. 450 : de [↑ son fils] pour
Var : v. 459 : l'arrosois de pleurs

On cherchoit à douter de mon obéissance:
Un fils pleurant sa mere a besoin de clémence,
Et doit justifier, en abordant ces lieux,
Quelques momens perdus à lui fermer les yeux.

ACHMET

465 Ah! d'un mortel effroy vous pénétrez mon ame
Si votre cœur se livre au courroux qui l'enflamme,
De la Sultane ici soutiendrez-vous l'aspect?
Feindrez-vous devant elle une ombre de respect?
N'allez point à sa haine offrir une victime;
470 Contenez, renfermez l'horreur qui vous anime.

MUSTAPHA

Ah! voilà de mon sort le coup le plus affreux.
C'est peu de l'abhorrer, de paroitre à ses yeux,
D'étouffer des douleurs qu'irrite sa présence,
Mon cœur s'est pour jamais interdit la vengeance;
475 Mere de Zéangir, ses jours me sont sacrés.
Que les miens, s'il le faut, à sa fureur livrés...
Mais quoi! puis-je penser qu'un grand homme, qu'un pere,
Adoptant contre un fils une haine étrangere...

ACHMET

Ne vous aveuglez point de ce crédule espoir.
480 Par la mort d'Ibrahim jugez de son pouvoir.
Connoissez, redoutez votre fiere ennemie;
Vingt ans sont écoulés depuis que son génie
Préside aux grands destins de l'empire ottoman:
Et, sans le dégrader, règne sur Soliman.
485 Le séjour odieux qui lui donna naissance,
Lui montra l'art de feindre et l'art de la vengeance.
Son ame aux profondeurs de ses déguisemens
Joint l'audace et l'orgueil de nos fiers musulmans.
Sous un maitre absolu souveraine maitresse,
490 Elle osa dédaigner, même dans sa jeunesse,
Ce frivole artifice et ces soins séducteurs
Par qui son foible sexe, enchainent de grands coeurs,
Offre aux yeux indignés la douloureuse image
D'un héros avili dans un long esclavage.
495 De son illustre époux seconder les projets;
Utile dans la guerre, utile dans la paix,
Sentir ainsi que lui les fureurs de la gloire,
L'enflammer, le pousser de victoire en victoire;
Voilà par quelle adresse elle a sçu l'asservir.
500 Sans la braver, du moins, laissez-la vous haïr.
Eh! par quelle imprudence augmentant nos allarmes,
Contre vous-même ici lui donnez-vous des armes?

Var : v. 465 : [nouvel] effroy (La correction adoptée et inscrite en haut est la leçon du
texte de base)

MUSTAPHA

Comment?

ACHMET

Pourquoi, Seigneur, tous ces chefs, ces soldats
Qui jusqu'au pied des murs ont marché sur vos pas?
505   Pourquoi cet appareil qui menace Bysance,
Et qui d'un camp guerrier présente l'apparence?

MUSTAPHA

N'accuse que des miens le transport indiscret.
Aux ordres du Sultan j'obéissois, Achmet;
J'annonçois mon rappel, et le peuple et l'armée,
510   Tout frémit: on s'assemble, une troupe allarmée
M'environne, me presse et s'attache à mes pas.
On s'écrie en pleurant que je cours au trépas.
Je m'arrache à leur foule; alors, pleins d'épouvante,
Furieux, égarés, ils volent à leur tente,
515   Saisissent l'étendard et d'un zèle insensé,
Croyant me suivre, ami, m'ont déjà devancé.
Pardonne, à tant d'amour, hélas! je fus sensible.
Et quel seroit, dis-moi, le mortel inflexible
Qui, sous le poids des maux dont je suis opprimé,
520   Auroit fermé son cœur au plaisir d'etre aimé?
Mais mon frere en ces lieux tarde bien à paroitre.

ACHMET

Il s'occupe de vous, quelque part qu'il puisse etre.
De sa tendre amitié je me suis tout promis,
C'est mon plus ferme espoir contre vos ennemis.

MUSTAPHA

525   Hélas! nous nous aimons dès la plus tendre enfance,
Et de son age au mien oubliant la distance,
Nos ames se cherchoient alors comme aujourd'hui;
Un charme attendrissant règnoit autour de lui,
Et le cœur encor plein des douleurs de ma mere,
530   L'amitié m'appelloit au berceau de mon frère;
Tu le sçais, tu le vis; et lorsque les combats
Loin de lui vers la gloire emportèrent mes pas,
La gloire, loin de lui, moins touchante et moins belle,
M'apprit qu'il est des biens plus désirables qu'elle,
535   Il vint la partager. La victoire deux fois
Associa nos noms, confondit nos exploits;
C'étoit le prix des miens, et mon ame enchantée
Crut la gloire d'un frere à la mienne ajoutée.

Var : v. 526 : Et de notre âge, Achmet, oubliant
Var : v. 533 : [puissante]
      † touchante

540   Mais je te retiens trop. Cours, observe ces lieux,
Sur les pieges cachés ouvre pour moi les yeux.
Aux regards du Sultan, je dois bientot paroitre;
Reviens... j'entends du bruit. C'est Zéangir peut-etre.
C'est lui. Vas, vas, laisse-moi dans ces heureux momens
Oublier mes douleurs dans ses embrassemens.

SCENE II

MUSTAPHA, ZEANGIR

ZEANGIR

545   Où trouver?... C'est lui-même. O mon ami! mon frere!
Que, malgré mes frayeurs, ta présence m'est chere!
Laisse-moi dans tes bras, laisse-moi respirer,
De ce bonheur si pur laisse-moi m'enivrer!

MUSTAPHA

Ah! que mon ame ici répond bien à la tienne!
550   Ami, que ta tendresse égale bien la mienne!
Que ces épanchemens ont pour moi de douceurs!
Pour moi, près de mon frere, il n'est plus de malheurs.

ZEANGIR

Je connois tes dangers, ils redoublent mon zèle.

MUSTAPHA

Tu ne les sçais pas tous.

ZEANGIR

                Quelle crainte nouvelle?

MUSTAPHA

555   Ecoute.

ZEANGIR

       Je frémis.

MUSTAPHA

             Tu vis de quelle ardeur
Les charmes de la gloire avoient rempli mon cœur;
Tu sçais si l'amitié le pénètre et l'enflamme;
A ces deux sentimens dont s'occupoit mon ame,
Le ciel en joint un autre, et peut-etre ce jour...

ZEANGIR

560   Eh! bien...

MUSTAPHA

A ce transport méconnois-tu l'amour?

ZEANGIR

Qu'entends-je! et quel objet?...

MUSTAPHA

Je prévois tes allarmes.

ZEANGIR

Achève.

MUSTAPHA

Il te souvient que la faveur des armes
Dans les murs de Tauris remit entre mes mains...

ZEANGIR

Azémire...

MUSTAPHA

Elle-même.

ZEANGIR

O douleur! o destins!

MUSTAPHA

565   Je te l'avois bien dit: ta crainte est légitime:
Je sens que sous mes pas j'ouvre un nouvel abyme.
Mais c'est d'elle à jamais que dépendra mon sort.
C'est pour elle qu'ici, je viens braver la mort:
J'en suis aimé, du moins, et sa tendresse extrême...
570   En croirai-je ma vue?...o ciel! c'est elle-même.

SCENE III

MUSTAPHA, ZEANGIR, AZEMIRE, gardes.

MUSTAPHA

Azémire, est-ce vous? qui vous ouvre ces lieux?
Quel miracle remplit le plus cher de mes voeux?
Puis-je, enfin, devant vous, montrer la violence

575 D'un amour, loin de vous, accru dans le silence?
Comptiez-vous quelquefois, sensible à mes tourmens,
Des jours dont ma tendresse a compté les momens?
J'ose encor m'en flatter, mais daignez me le dire.
Vous baissez vos regards, et votre cœur soupire:
Je vois... ah! pardonnez, ne craignez point ses yeux.
580 Qu'il soit le confident, le témoin de nos feux.
Je vous l'ai dit oent fois, c'est un autre moi-même.
Ce séjour, cet instant m'offre tout ce que j'aime:
Mon bonheur est parfait... vous pleurez... tu polis...
De douleur et d'effroi vos regards sont remplis...

ZEANGIR

585 O tourment!

AZEMIRE

Jour affreux!

MUSTAPHA

Quel transport! quel langage!
Du sort qui me poursuit, est-ce un nouvel outrage?

ZEANGIR

Non: c'est moi seul ici qu'opprime son courroux.
C'est à moi désormais qu'il réserve ses coups.
Il me perce le cœur par la main la plus chere:
590 J'aime, et pour mon rival il a choisi mon frere.

MUSTAPHA

Cieux!

ZEANGIR

Ma mere, en secret, j'ignore à quel dessein,
Dans ce piège fatal m'a conduit de sa main.
Sa cruelle bonté, secondant mon adresse,
A permis à mes yeux l'aspect de la Princesse;
595 J'ai prodigué les soins d'un amour indiscret
Pour attendrir, hélas! un cœur qui t'adoroit:
Je venois à tes yeux dévoilant ce mistere...
Cruelle, eh! quel devoir vous forçant à vous taire,
Me laissant enivrer de ce poison fatal?
600 A-t-on craint de voir haïr un tel rival?

AZEMIRE

Je l'avouerai, Seigneur, ce reproche m'étonne,
L'ayant peu mérité, mon cœur vous le pardonne;
J'en plains même la cause, et je crois qu'en secret
Déjà vous condamnez un transport indiscret.

à Mustapha
605 Vous n'avez pas pensé, Prince, que votre amante,
Négligeant d'étouffer une flamme imprudente,
Fiere d'un autre hommage à ses yeux présenté,
Ait d'un frivole encens nourri sa vanité,
Et me justifier, c'est vous faire une offense;
610 Mais, puisque je vous dois expliquer mon silence,
Du repos d'un ami comptable devant vous,
Souffrez qu'en ce moment je rappelle entre nous,
Quels serments redoublés me forçoient à lui taire
Un secret...

MUSTAPHA

Ciel! Madame, un secret pour mon frere!
615 Eh! pouvois-je prévoir...

AZEMIRE

Je sçais que ce palais
Devoit à tous les yeux me soustraire à jamais:
Qu'entouré d'ennemis empressés à vous nuire,
De nos voeux mutuels vous n'avez pu l'instruire.
Hélas! me chargeoit-on de ce soin douloureux,
620 Moi qui, dans ce séjour pour vous si dangereux,
Craignant mon cœur, mes yeux, et mon silence même,
Vingt fois ai souhaité de me cacher qui j'aime?
Mais non: je lui parlois de vous, de vos vertus.
Enfin je vous nommois, que falloit-il de plus?
625 Et quand de son amour la prompte violence
A condamné ma bouche à rompre le silence,
J'ai vu son désespoir, tout prêt à s'exhaler
Repousser le secret que j'allois révéler.

MUSTAPHA

Oui, sans doute, et ce trait manquoit à ma misere:
630 Je devois voir couler les larmes de mon frere,
Voir l'amitié, l'amour, unis, armés tous deux
Contre un infortuné qui ne vit que pour eux.
Mon ame à l'espérance étoit encore ouverte:
C'en est fait... je l'abjure, et le ciel veut ma perte.
635 Je la veux comme lui, si je fais ton malheur.

ZEANGIR

Ta perte!... acheve, ingrat, de déchirer mon cœur.
Il te falloit... Cruel! as-tu la barbarie
D'offenser un rival qui tremble pour ta vie?

Var : vv. 623-4 : [Mais non: je lui parlois de vous, de vos vertus.
Je combattois ses vœux, que falloit-il de plus?]
† Je combattois ses vœux, je vantois vos vertus
[Seigneur] je vous nommois, que falloit-il de plus
†† Enfin (inscrit au-dessus de 'Seigneur')

640
Ta perte!... et de quel crime... il n'en est qu'un pour toi;
Tu viens de le commettre en doutant de ma foi.
Crois-tu que ton ami, dans sa jalouse ivresse,
Devienne ton tyran, celui de ta maitresse,
Abjure l'amitié, la vertu, le devoir,
Pour contempler partout les pleurs du désespoir,
645
Pour mériter son sort en perdant ce qu'il aime?
Qui de nous ici doit s'immoler lui-même?
Est-ce toi qu'à mourir son choix a condamné?
Ne suis-je pas, enfin, le seul infortuné?

MUSTAPHA

Arrête, peux-tu bien me tenir ce langage?
650
C'est un frere, un ami qui me fait cet outrage!
Cruel! quand ton amour au mien veut s'immoler,
Est-ce par ton malheur qu'il faut me consoler?
Que tu craignes ma mort qui t'assure le trône,
Cette vertu n'a rien dont la mienne s'étonne.
655
Le ciel, en te privant d'un ami couronné,
Te raviroit bien plus qu'il ne t'auroit donné.
Mais te voir à mes voeux sacrifier ta flamme,
Sentir tous les combats qui déchirent ton ame,
Et ne pouvoir t'offrir pour prix de tes bienfaits,
660
Que le seul désespoir de t'égaler jamais.
Ce supplice est affreux, si tu peux me connoitre.

ZEANGIR

Va, ce seul sentiment m'a tout payé peut-etre
Mon frere, laisse-moi, dans mes voeux confondus,
Laisse-moi ce bonheur que donnent les vertus.
665
Il me coute assez cher pour que j'ose y prétendre.
Tu dois vivre et m'aimer, moi, vivre et te défendre;
Tout l'ordonne, le ciel, la nature, l'honneur.
Respecte cette loi qu'ils font tous à mon cœur.
Je t'en conjure ici par un frere qui t'aime,
670
Par toi, par tes malheurs,... par ton amour lui-même.
à Azémire
Joignez-vous à mes voeux, c'est à vous de fléchir
Un cœur aimé de vous qui peut vouloir mourir.

MUSTAPHA *transporté*

C'en est fait, je me rends; ce cœur me justifie.
Je vous aime encor plus que je ne hais la vie.
675
Oui dans les noeuds sacrés qui m'unissent à toi,
Ton triomphe est le mien, tes vertus sont à moi.

Var : v. 661 : [peux]
↑ sais
Var : v. 671 : mes vœux, [parlez, faites rougir] (La correction adoptée et inscrite en haut
est la leçon du texte de base)

Va, ne crains point, ami, que ma fierté gémisse,
Ni qu'opprimé du poids d'un si grand sacrifice,
Mon cœur de tes bienfaits puisse etre humilié:
680   Eh! connoit-on l'orgueil auprès de l'amitié?

SCENE IV

MUSTAPHA, ZEANGIR, AZEMIRE, ACHMET, gardes.

ACHMET

Pardonnez, si déjà mon zèle, en diligence,
A vos épanchemens vient mêler ma présence,
Mais d'un subit effroy le palais est troublé.
Déjà près du Sultan le visir appellé,
                        à Mustapha
685   Prodigue contre vous les conseils de la haine.
La moitié du serrail que sa voix seule entraine,
Séduite dès longtems, s'intéresse pour lui.
Même on dit qu'en secret un plus puissant appui...
Pardonnez... dans vos coeurs mes regards ont dû lire,
690   Mais... une mère... hélas! je crains...

MUSTAPHA

                                    Qu'oses-tu dire?

                ZEANGIR transporté

Acheve.

Var : v. 677 : Non, ne crois point, ami, que ma fierté gémisse,
Var : v. 691 : ('Acheve' est attribué à Mustapha. Entre ce mot et le discours d'Achmet
            qui commence 'Eh bien', il existe un passage supprimé)
    [MUSTAPHA
    Conçois toute l'horreur de ce moment fatal:
    J'idolatre Azemire, et voila mon rival,
    Mais parle, je le veux.
                    ACHMET
                    Ah! que viens-je d'entendre?
                    MUSTAPHA
    Poursuis.
                    ACHMET
            Daignez...
                    ZEANGIR transporté
                    Mon frere... oui je veux tout apprendre]
    Eh! bien, [Seigneur]

ACHMET

Eh bien, l'on dit qu'invisible à regret,
Sa main conduit les coups qu'on prépare en secret.
On redoute un courroux qu'elle force au silence.
On craint son artifice, on craint sa violence,
695 Mais un bruit dont surtout mon cœur est consterné...
Le Sultan veut la voir et l'ordre en est donné.

AZEMIRE

Ciel!

ACHMET

On tremble, on attend cette grande entrevue,
On parle d'une lettre au Sultan inconnue...

MUSTAPHA *à Zéangir*

Dieu! mon sort voudroit-il?... tu sçauras tout...

ACHMET

Seigneur,
700 Contre un juste courroux défendez votre cœur.
Vous ignorez quel ordre et quel projet sinistre
Mena dans votre camp un odieux ministre:
Le visir, je voudrois en vain vous le cacher,
Aux bras de vos soldats devoit vous arracher.

MUSTAPHA

705 Que dis-tu?

ACHMET

Le péril arrêta son audace.
Cher Prince, devant vous si mes pleurs trouvent grace,
Si mes voeux, si mes soins méritent quelque prix,
Si d'un vieillard tremblant vous souffrez les avis,
Modérez vos transports, et, loin d'aigrir un pere,
710 Réveillez dans son cœur sa tendresse premiere;
Il aima votre enfance, il aime vos vertus.
Vous pourriez... Pardonnez, je n'ose en dire plus.
A de plus chers conseils mon cœur vous abandonne
Et vole à d'autres soins que mon zèle m'ordonne.

SCENE V

ZEANGIR, MUSTAPHA, AZEMIRE, gardes.

ZEANGIR

715   Quel est donc ce péril dont je t'ai vu frémir?
Cette lettre fatale... ami, daigne éclaircir.

MUSTAPHA

J'accroitrai tes douleurs.

ZEANGIR

Parle.

MUSTAPHA

Avant que mon pere
Demandât la Princesse en mes mains prisonniere,
Thamas secretement députa près de moi,
720   Et pour briser ses fers et pour tenter ma foi.
Ami, tu me connois, et mon devoir t'annonce,
Malgré mes voeux naissans, quelle fut ma réponse;
Mais lorsque chaque jour ses vertus, ses attraits...
Je t'arrache le cœur...

ZEANGIR

Non, mon cœur est en paix.
725   Poursuis.

MUSTAPHA

O ciel!... Eh bien! brulant d'amour pour elle,
Et depuis accablé d'une absence cruelle,
Je crus que je pouvois, sans blesser mon devoir,
De la paix à Thamas présenter quelqu'espoir,
Et demander pour prix d'une heureuse entremise
730   Que la main de sa fille à ma foi fut promise.
Nadir, de mes desseins fidèle confident,
Autorisé d'un mot, partit secretement;
J'attendois son retour. J'apprends qu'en Assirie
Attaqué, défendant mon secret et sa vie,
735   Sous un fer assassin Nadir a succombé.

ZEANGIR

Je vois dans quelles mains ce billet est tombé.
Je vois ce que prépare une mere inhumaine,
Cette lettre aujourd'hui vient d'enhardir sa haine.

Var : v. 735 : [Accablé sous le nombre il avoit succombé.] (La correction adoptée et
inscrite en haut est la leçon du texte de base)

740   Hélas! de toi bientot dépendront ses destins,
        Bientot son empereur...

                    MUSTAPHA

                        Que dis-tu? Quoi! tu crains?...

                ZEANGIR

        Non, mon ame à ta foi ne fait point cette offense.
        Sans crainte pour ses jours, je vole à ta défense.
        Je vois quels coups bientot doivent m'etre portés.
        Il en est un surtout... J'en frémis. Ecoutez.
745   Je jure ici par vous que, dans cette journée,
        Si je pouvois surprendre, en mon ame indignée,
        Quelque désir jaloux, quelque perfide espoir,
        Capable un seul moment d'ébranler mon devoir
        Dans ce cœur avili... Non, il n'est pas possible.
750   Le ciel me soutiendra dans cet instant terrible,
        Et, satisfait d'un cœur trop longtems combattu,
        De l'affront d'un remord sauvera ma vertu.

                Fin du Second Acte

Var : v. 743 : Je [vois] (↑ sais) quels coups bientot (↑ ici)
Var : v. 750 : [instant]
             ↑ moment

ACTE III

SCENE PREMIERE

SOLIMAN, ROXELANE, gardes,
suite de SOLIMAN et de ROXELANE

SOLIMAN *tous deux assis*

Prenez place, Madame. Il faut que dans ce jour,
Votre ame à mes regards se montre sans détour.
755   Le Prince dans ces lieux vient enfin de se rendre.

ROXELANE

Les cris de ses soldats viennent de me l'apprendre.

SOLIMAN

J'entrevois par ce mot vos secrets sentimens.
Vous jugerez des miens: daignez, quelques momens,
Vous imposer la loi de m'entendre en silence.
760   Mon fils a mérité ma juste défiance;
Et son retour d'ailleurs fait pour me désarmer,
Avec quelque raison peut encor m'allarmer.
Sans doute je suis loin de lui chercher des crimes;
Mais il faut éclaircir des soupçons légitimes.
765   Vos yeux, si du visir j'explique les discours,
Ont surpris des secrets d'où dépendent mes jours.
Je n'examine point si, pour mieux me confondre,
De concert avec lui...vous pourrez me répondre.
Hélas! il est affreux de soupçonner la foi
770   Des coeurs que l'on chérit et qu'on croyoit à soi.
Mais au bord du tombeau telle est ma destinée.
Par d'autres intérêts maintenant gouvernée,
Aux soins de l'avenir vous croyez vous devoir;
Je conçois vos raisons, vos craintes, votre espoir
775   Et malgré mes vieux ans, ma tendresse constante
A vos destins futurs n'est pas indifférente.
Mais vous n'espérez point que pour votre repos
Je répande le sang d'un fils et d'un héros.
Son juge, en ce moment, se souvient qu'il est pere.
780   Je ne veux écouter ni soupçons ni colere.
Ce serrail qui, jadis, sous de cruels Sultans,
Craignoit de leurs fureurs les caprices sanglans,
A connu, dans le cours d'un règne plus propice,
Quelquefois ma clémence et toujours ma justice.
785   Juste envers mes sujets, juste envers mes enfans,
Un jour ne perdra point l'honneur de quarante ans.
Après un tel aveu, parlez, je vous écoute,
Mais que la vérité s'offre sans aucun doute.
Je dois, s'il faut, porter un jugement cruel,
790   En répondre à l'Etat, à l'avenir, au ciel.

ROXELANE

Seigneur, d'étonnement je demeure frappée.
De vous, de votre fils, en secret occupée,
J'ai dû, sans m'expliquer sur ce grand intérêt,
Muette, avec l'Empire, attendre son arrêt.
795 Mais, puisque le premier vous quittez la contrainte
D'un silence affecté trop semblable à la feinte,
De mon ame à vos yeux j'ouvrirai les replis.
Je déteste le Prince et j'adore mon fils,
Ainsi que vous, du moins, je parle avec franchise;
800 Et loin qu'avec effort ma haine se déguise,
J'ose entreprendre ici de la justifier,
Vous invitant vous-même à vous en défier.
Je ne vous cache point, qu'est-il besoin de feindre?
Que prompte en ce péril à tout voir, à tout craindre,
805 J'ai d'un visir fidèle emprunté les avis,
Et moi-même éclairé les pas de votre fils;
Tout fondoit mes soupçons, un pere les partage.
Eh! qui donc en effet pourroit voir sans ombrage,
Un jeune ambitieux, qui, d'orgueil enivré,
810 Des cœurs qu'il a séduits disposant à son gré,
A vous intimider semble mettre sa gloire,
Et croit tenir ce droit des mains de la victoire?
Qui, mandé par son maitre, a jusques à ce jour,
Fait douter de sa foi, douter de son retour;
815 Et du grand Soliman a réduit la puissance
A craindre, je l'ai vu, sa désobéissance?
Qui, j'ose l'attester, et mes garants sont prets,
Achette ici des yeux ouverts sur vos secrets,
Parle, agit en Sultan; et si l'on veut l'entendre
820 Et la guerre et la paix de lui seul vont dépendre.
Oui, Seigneur, oui vous dis-je, et peut-etre aujourd'hui
Vous en aurez la preuve et la tiendrez de lui.

SOLIMAN

Ciel!

ROXELANE

D'un fils, d'un sujet est-ce donc la conduite?
Et depuis quand, Seigneur, n'en craint-on plus la suite?
825 Est-ce dans ce séjour?... vainement sous vos loix,
La clémence en ces lieux fit entendre sa voix.
Une autre voix, peut-etre, y parle plus haut qu'elle:
La voix de ces Sultans qu'une main criminelle,
Sanglans, a renversé, aux genoux de leurs fils;
830 La voix des fils encor, qui, près du trône assis,
N'ont point devant ce trône assez courbé la tête.
Il le sait: d'où vient donc que nul frein ne l'arrête?
Sans doute mieux qu'un autre il connoit son pouvoir:

Var : v. 792 : [Seigneur], de votre fils

De l'empire, en effet il est l'unique espoir.
835   Eh! qui d'un peuple ingrat n'a vu cent fois l'ivresse,
Oser à vos vieux ans égaler sa jeunesse,
Et d'un héros, l'honneur des Sultans, des guerriers,
Devant un fier soldat a baisser les lauriers?
Qui peut vous rassurer contre tant d'insolence?
840   Est-ce un camp qui frémit aux portes de Bysance,
Un peuple de mutins, esclaves factieux,
De leur maitre indigné tyrans capricieux?
                                    se levant
Ah! Seigneur, est-ce ainsi, je vous cite à vous-même,
Que rassurant Sélim, dans un péril extrême,
845   Vous vintes dans ses mains ici vous deposer
Quand ces mêmes soldats, ardens à tout oser,
Pour vous, malgré vous seul, pleins d'un zèle unanime,
Rebelles, prononçoient votre nom dans leur crime!
On vous vit accourir, seul, désarmé, soumis,
850   Plein d'un noble courroux contre ses ennemis,
Et tombant à ses pieds, otage volontaire
Echapper au malheur de détrôner un pere.
Tel étoit le devoir d'un fils plus soupçonné,
Et votre exemple, au moins, l'a déjà condamné.
                                    elle s'assied

SOLIMAN

855   Ce qu'a fait Soliman, Soliman dut le faire.
Celui qui fut bon fils doit etre aussi bon pere.
Et quand vous rappellez ces preuves de ma foy
Votre voix m'avertit d'etre digne de moi.
Des revers des Sultans vous me tracez l'image:
860   Je reconnois vos soins, Madame, et je présage
Que, grace aux miens peut-etre, un sort moins rigoureux
Ecartera mon nom de ces noms malheureux.
Trop d'autres, négligeant le devoir qui m'arrête,
A des fils soupçonnés ont demandé leur tête.
865   Oui, mais n'ont-ils jamais après ces rudes coups,
Détesté les transports d'un aveugle courroux?
Hélas! si ce moment doit m'offrir un coupable,
Peut-etre que mon sort est assez déplorable.
Serai-je donc rangé parmi ces souverains
870   Qu'on a vus de leurs fils juges trop inhumains,
Réduits à s'imposer ce fatal sacrifice?
Malheureux qu'on veut plaindre et qu'il faut qu'on haïsse!
Quelqu'éclat dont leur règne ait ébloui les yeux,
De ces grands chatimens le souvenir affreux,
875   Eternisant l'effroy qu'imprime leur mémoire,
Mêle un sombre nuage aux rayons de leur gloire.
Le nom de Soliman, Madame, a mérité

Var : v. 845-50 : (Ces vers, qui figurent tels quels dans le texte de base, sont biffés à
         l'exception du vers 849. Le texte remanié consiste en deux vers)
                 Vous vintes lui montrer la vertu de son fils,
                 On vous vit accourir, seul, désarmé, soumis

880

885

De parvenir sans tache à la postérité.
Dans mon cœur vainement votre cruelle adresse
Cherche d'un vil dépit la vulgaire foiblesse,
Et voudroit par la haine irriter mes soupçons,
J'écarte ici la haine et pèse les raisons.
L'intérêt de mon sang me dit pour le défendre,
Qu'un coupable en ces lieux eût tremblé de se rendre;
Qu'adoré des soldats... je l'étois comme lui...

ROXELANE

Comme lui des Persans imploriez-vous l'appui?

SOLIMAN

890

Des Persans?... Lui! grands Dieux! je retiens ma colere:
Ce n'est pas vous ici que doit en croire un pere.
Que des garants certains, à mes yeux présentés,
Que la preuve à l'instant...

ROXELANE

Je le veux.

SOLIMAN *se levant*

Arrêtez.
Je redoute un courroux trop facile à surprendre.
Son maitre en vain frémit, son juge doit l'entendre.
Que mon fils soit présent... faites venir mon fils.
Roxelane se lève, le visir paroit
Que veut-on?

SCENE II

SOLIMAN, ROXELANE, OSMAN, gardes.

OSMAN

895

900

J'attendois le moment d'etre admis.
Seigneur, je viens chercher des ordres nécessaires.
Ali, ce brave Ali, ce chef des Janissaires,
Qui même sous Sélim s'est illustré jadis
Et malgré son grand age, a suivi votre fils,
Se flatte qu'à vos pieds vous daignerez l'admettre.
Il apporte un secret qu'il a craint de commettre.
Le salut de l'empire, a-t-il dit, en dépend,
Et des moindres délais il me rendoit garant.
J'ai cru que son grand nom, ses exploits...

Var : v. 879 : [une] (↑ votre) jalouse adresse

SOLIMAN

Qu'il paroisse.

ROXELANE *à part*

Que veut-il?

SOLIMAN

Vous savez quelle est votre promesse.

ROXELANE

905   Je ne reparoitrai que la preuve à la main.
                              elle sort avec sa suite

SCENE III

SOLIMAN, OSMAN, ALI, gardes.

SOLIMAN

Quel soin pressant t'amène et quel est ton dessein?
Veux-tu qu'il se retire?

ALI

                    Il le faudroit peut-etre,
Mais je viens contre lui m'adresser à son maitre;
Qu'il demeure, il le peut. Sultan, tu ne crois pas
910   Que j'eusse d'un rebelle accompagné les pas.
Ton fils ainsi que moi vit et mourra fidèle.
J'ai su calmer des siens et la fougue et le zèle,
Ils te révèrent tous. Mais on craint les complots
Que la haine en ces lieux trame contre un héros.
915   Ah! du moins, disoient-ils, dans leur secret murmure,
Ah! si la vérité confondoit l'imposture!
Si détrompant un maitre et cherchant ses regards,
Elle osoit pénétrer ces terribles remparts!
Mais la mort puniroit un zèle téméraire.
920   On peut près du cercueil hasarder de déplaire,
Sultan; d'un vieux guerrier ces restes languissans,
Ce sang, dans les combats prodigué soixante ans,
Exposés pour ton fils que tout l'empire adore,
S'ils sauvoient un héros, te serviroient encore.
925   De notre amour pour lui ne prends aucuns soupçons:
C'est le grand Soliman qu'en lui nous chérissons;
Il nous rend tes vertus et tu permets qu'on l'aime.
Mais crains ses ennemis, crains ton pouvoir suprême,
Crains d'éternels regrets et surtout un remord.
930   J'ai rempli mon devoir: ordonnes-tu ma mort?

Var : v. 905 : Je ne [paroitrai pas sans]

SOLIMAN

J'estime ce courage et ce zèle sincere:
Je permets à tes yeux de lire au cœur d'un pere.
Ne crains point un courroux imprudent ni cruel.
J'aime un fils innocent, je le hais criminel.
935   Ne crains pour lui, que lui. L'audace et l'artifice
En moi de leurs fureurs n'auront point un complice.
Contiens dans son devoir le soldat turbulent:
Leur idole répond d'un caprice insolent.
Sans dicter mon arrêt, qu'on l'attende en silence.
940   Tu peux de ce séjour sortir en assurance,
Vas, les cœurs généreux ne craignent rien de moi.
Sur le sort de ton fils je suis donc sans effroi.

SCENE IV

SOLIMAN, MUSTAPHA, gardes.

SOLIMAN

Approchez: à mon ordre on daigne enfin se rendre.
J'ai cru qu'avant ce jour je pouvois vous attendre.

MUSTAPHA

945   Un devoir douloureux a retenu mes pas.
Une mere, Seigneur, expirante en mes bras...

SOLIMAN

Elle n'est plus!... je dois des regrets à sa cendre.

MUSTAPHA

Occupée en mourant d'un souvenir trop tendre...

SOLIMAN

C'est assez. Plût au ciel qu'à de justes raisons
950   Je pusse voir encor céder d'autres soupçons,
Sans que de vos soldats l'audace et l'insolence
Vinssent d'un fils suspect attester l'innocence!

MUSTAPHA

Ne me reprochez point leurs transports effrénés,
Qu'en ces lieux ma présence a déjà condamnés.

Var : v. 954 : (Entre ce vers et le suivant il y a un passage supprimé)
[Au chef nommé par vous je livrois votre armée,
Quand d'un zele indiscret une foule animée,
Malgré moi s'échappoit d'un camp tumultueux:
Mes soins ont ramené les moins impetueux;
Mais d'autres prévenant ou bravant ma défense,
Ont pris, impatiens, le chemin de Bysance:

955 Ah! Seigneur, si pour moi l'excès de leur tendresse
Jusqu'à l'emportement a poussé leur ivresse,
Daignez ne l'imputer, hélas! qu'à mon malheur.
C'est mon funeste sort qui parle en ma faveur.
Privé de vos bontés où je pouvois prétendre,
960 J'inspire une pitié plus pressante et plus tendre.

SOLIMAN

Peut-etre il vaudroit mieux leur inspirer moins:
Peut-etre qu'un sujet devoit borner ses soins
A savoir obéir, à faire aimer sa gloire,
A servir sans orgueil, à ne point laisser croire
965 Que ses desseins secrets de la Perse approuvés...

MUSTAPHA

O ciel! le croyez-vous?

SOLIMAN

Non, puisque vous vivez.

SCENE V

ROXELANE, SOLIMAN, MUSTAPHA, gardes.

ROXELANE

Sultan, vous pourrez voir ma promesse accomplie.
Prince, un destin cruel m'a fait votre ennemie;
Mais, cette haine, au moins, en s'attaquant à vous,
970 Dans la nuit du secret ne cache point ses coups:
Vous êtes accusé, vous pourrez vous défendre.

MUSTAPHA

A ce trait généreux j'avois droit de m'attendre.

SOLIMAN *prenant la lettre*

Donnez.
                    A vos désirs on refusa la paix,
'Un heureux changement vous permet d'y prétendre.
975   'Victorieux par moi, peut-etre à mes souhaits
                    'Le Sultan voudra condescendre.'
'Les raisons de cette offre et le prix que j'y mets,
'Je les tairai; Nadir doit seul vous les apprendre.'

Mes ordres, mes efforts n'ont pu les retenir.
SOLIMAN
Un chef si respecté se fait mal obéir!]

Var : v. 967 : [Eh bien] ↑ Sultan

Que vois-je! avouerez-vous cette lettre, ce seing?

MUSTAPHA

980 Oui, ce billet, Seigneur, fut tracé de ma main.

SOLIMAN

Hola, gardes!

MUSTAPHA

      Je dois vous paroitre coupable,
Je le sais. Cependant si le sort qui m'accable
Souffroit que votre fils pût se justifier,
Si mon cœur à vos yeux se montroit tout entier...

ROXELANE

  auPrince   *auSultan*   *auPrince*
985 Il le faut...   Permettez... Vous n'avez rien à craindre.
Parlez, Nadir n'est plus, et vous pouvez tout feindre.

MUSTAPHA

Barbare! à cet opprobre étois-je réservé?
Par pitié, si mon crime à vos yeux est prouvé,
D'un pere, d'un Sultan déployez la puissance.
990 Par mille affreux tourmens éprouvez ma constance,
Je puis chérir des coups que vous aurez portés,
Mais ne me livrez point à tant d'indignités.
Votre gloire l'exige, et votre fils peut croire...

SOLIMAN

Perfide, il te sied bien d'intéresser ma gloire,
995 Toi! qui veux la flétrir, toi l'ami des Persans!
Toi qui devant leur maitre avilis mes vieux ans!
Qui sachant contre lui quelle fureur m'anime...

MUSTAPHA

Ah! croyez que son nom fait seul mon plus grand crime,
Que sans ce fier courroux j'aurois pu... non, jamais.
           montrant Roxelane
1000 J'ai mérité la mort, et voilà mes forfaits.
Cette lettre en vos mains, Seigneur, m'accusoit-elle,
Quand d'avance par vous traité comme un rebelle,
L'ordre de m'arrêter dans mon camp...

SOLIMAN

           Justes cieux!
Tu savois... je vois tout. D'un écrit odieux
1005 Ta bouche en ce moment m'éclaircit le mistère.

Var : v. 1002 : Quand [déjà sur sa foi] † d'avance par vous

Il demande à Thamas des secours contre un pere.

MUSTAPHA

Quoi! ce secret fatal, qu'à l'instant dans ces lieux...

SOLIMAN

Traître! c'en est assez. Qu'on l'ôte de mes yeux.

SCENE VI

Les acteurs précédents, ZEANGIR.

MUSTAPHA, *voyant Zéangir*

Ciel!

ZEANGIR

Mon pere, daignez... O mere trop cruelle!

SOLIMAN

1010   Quoi! sans etre appellé?

ROXELANE

Quelle audace nouvelle!

SOLIMAN

Qu'on m'en réponde, allez.

ZEANGIR

Suspendez un moment...

MUSTAPHA

Ah! qu'il suffise au moins à cet embrassement.
Va, de ton amitié cette preuve derniere
A trop bien démenti les fureurs de ta mere;
1015   Elle surpasse tout, sa rage et mes malheurs,
Et la haine qu'on doit à ses persécuteurs.

il sort

SCENE VII

SOLIMAN, ROXELANE, ZEANGIR, gardes.

SOLIMAN

Quel orgueil!

ZEANGIR

Ah! craignez que dans votre vengeance...

SOLIMAN

Je veux bien de ce zèle excuser l'imprudence,
Et j'aimerois, mon fils, à vous voir généreux,
1020 Si le crime du moins pouvoit etre douteux:
Mais ne me parlez point en faveur d'un perfide,
Qui peut-etre déjà médite un parricide.
à Roxelane
J'excuse votre haine, et je vais de ce pas
Prévenir les effets de ses noirs attentats

SCENE VIII

ROXELANE, ZEANGIR, *suite de ROXELANE
dans le fond*

ZEANGIR

1025 Quoi! déjà votre haine a frappé sa victime!
Un pere en un moment la trouve légitime!

ROXELANE

Pour convaincre un coupable, il ne faut qu'un instant.

ZEANGIR

Si vous n'aviez qu'un fils, il seroit innocent.

ROXELANE

Le ciel me l'a donné, peut-etre, en sa colere.

ZEANGIR

1030 Le ciel vous l'a donné... pour attendrir sa mere.
Je veux croire et je crois que prête à l'opprimer,
Contre un coupable ici vous pensez vous armer;
Et l'amour maternel que dans vous je révere,
(Car je combats des voeux dont la source m'est chere)
1035 Abusant vos esprits sur moi seul arrêtés,
Vous persuade encor ce que vous souhaitez;
Mais cet amour vous trompe, et peut etre funeste.

ROXELANE

Dieu quel aveuglement! le crime est manifeste,
Son pere en a tenu le gage de sa main.

ZEANGIR

1040   Que ne puis-je parler?

ROXELANE

                              Vous frémissez en vain.
Abandonnez un traitre à son sort déplorable:
Vous l'aimiez vertueux, oubliez-le coupable:
Ou si votre amitié lui donne quelques pleurs,
Voyez du moins, voyez, à travers vos douleurs,
1045   Quel brillant avenir le destin vous présente,
Cet éclat des sultans, cette pompe imposante;
L'univers, de vos loix docile adorateur,
Et la gloire plus belle encor que la grandeur,
La gloire que vos vœux...

ZEANGIR

                              Sans doute elle m'anime.

ROXELANE

1050   Un trône ici la donne.

ZEANGIR

                    Un trône acquis sans crime.

ROXELANE

Quel crime commets-tu?

ZEANGIR

                              Ceux qu'on commet pour moi.

ROXELANE

Des attentats d'autrui je profite pour toi.

ZEANGIR

Vous le croyez coupable et c'est là votre excuse.
Mais moi qui vois son coeur, mais moi que rien n'abuse...

ROXELANE

1055   Tu pleureras un jour quand l'absolu pouvoir...

ZEANGIR

A-t-on jamais pleuré d'avoir fait son devoir?

ROXELANE

J'ai pitié, mon cher fils, d'un tel excès d'ivresse,
Je vois avec quel art, séduisant ta jeunesse,

1060   Il a su, plus prudent, par cette illusion,
     T'écartant du sentier de son ambition...

ZEANGIR

Quoi! vous doutez...

ROXELANE

         Eh! bien je veux le croire, il t'aime:
Ainsi que toi, mon fils, il se trompe lui-même.
Vous ignorez tous deux, dans votre aveugle erreur,
Et le cœur des humains et votre propre cœur.
1065   Mais le tems, d'autres vœux, l'orgueil de la puissance,
Du monarque au sujet cet intervalle immense,
Tout va briser bientot un nœud mal affermi,
Et sur le trône un jour tu verras...

ZEANGIR

         Un ami.

ROXELANE

L'ami d'un maitre! o ciel, ah! quitte un vain prestige.

ZEANGIR

1070   Jamais.

ROXELANE

     Les Ottomans ont-ils vu ce prodige?

ZEANGIR

Ils le verront.

ROXELANE

         Mon fils! Songes-tu dans quels lieux...
Encor, si tu vivois dans ces climats heureux,
Qui, grace à d'autres mœurs, à des loix moins séveres,
Peuvent offrir des roys que chérissent leurs freres.
1075   Où pres du maitre assis, brillant de sa splendeur,
Quelquefois partageant le poids de sa grandeur,
Ils vont à des sujets placés loin de sa vue
De leurs devoirs sacrés rappeller l'étendue.
Et marchant, sur sa trace, aux conseils, aux combats,
1080   Recueillent les honneurs attachés à ses pas;

Var : v. 1067 : [Briseront de vos cœurs le] nœud (La correction adoptée et inscrite en
         haut est la leçon du texte de base)
Var : vv. 1075-80 : (Ces vers sont biffés. Ils sont pareils à ceux du texte imprimé mais
         'retracer' dans la première version a été remplacé par 'rappeller'.
         Quelques additions sont inscrites en haut; elles sont biffées et
         malheureusement illisibles)

Qu'à ce prix, signalant l'amitié fraternelle,
On mette son orgueil à s'immoler pour elle,
Je conçois cet effort. Mais en ces lieux! mais toi!

ZEANGIR

Il est fait pour son ame, il est digne de moi.
1085   Est-ce donc un effort que de chérir son frere?
Seroit-ce une vertu quelque part étrangere?
Ai-je du m'en défendre. Eh! quel cœur endurci
Ne l'eut aimé partout comme je l'aime ici?
Partout il eut trouvé des cœurs aussi sensibles
1090   Un pere hélas! plus doux... des destins moins terribles.
Non, vous ne savez pas tout ce que je lui dois.
Si mon nom près du sien s'est placé quelquefois,
C'est lui qui vers l'honneur appelloit ma jeunesse,
Encourageoit mes pas, soutenoit ma foiblesse,
1095   Sa tendresse inquiete au milieu des combats,
Prodigue de ses jours, m'arrachoit au trépas.
La gloire enfin, ce bien qu'avec excès on aime,
Dont le cœur est avare envers l'amitié même,
Lui sembloit le trahir, et manquoit à ses vœux,
1100   Si son éclat, du moins, ne nous couvroit tous deux.
Cent fois...

ROXELANE

          Ah! c'en est trop, vas, quoiqu'il ait pu faire,
Tu peux tout acquitter par le sang de ta mere.

ZEANGIR

O ciel!

ROXELANE

          Oui, par mon sang: lui seul doit expier
Des affronts que jamais rien ne fait oublier.
1105   Sous les yeux de son fils, ma rivale en silence,
Vingt ans des appas a pleuré l'impuissance.
Il l'a vue exhaler dans ses derniers soupirs
L'amertume et le fiel de ses longs déplaisirs.
Il revient poursuivi de cette affreuse image;
1110   Et lorsque mon nom seul doit exciter sa rage,
Il me voit, calme et fiere, annonçant mon dessein,
Lui montrer son forfait attesté par son seing.
Dis-moi si pour le trône élevé dès l'enfance,
Le plus fier des humains oubliera cette offense.

ZEANGIR

1115   Je vais vous étonner; le plus fier des humains
Verroit, sans se venger, la vengeance en ses mains.

Var : vv. 1087-90 : (Ces vers, qui sont ceux du texte de base, sont biffés)

Le plus fier des humains est encor le plus tendre...
Je prévoyois qu'ici vous ne pourriez m'entendre;
Mais, quoique vous pensiez, je le connois trop bien...

ROXELANE

1120   Insensé!

ZEANGIR

Votre cœur ne peut juger le sien...
Pardonnez: mon respect frémit de ce langage,
Mais vous concevez mal qu'on pardonne un outrage.
Un autre l'a conçu. Je réponds de sa foi,
Et vos jours sont sacrés pour lui, comme pour moi,
1125   Il sait trop qu'à ce coup je ne pourrois survivre.

ROXELANE

J'entends, pour prix des soins où l'amitié vous livre,
Sa bonté souffrira que du plus beau destin,
Je coure dans l'opprobre ensevelir la fin;
Et ramper, vile esclave, etre but de sa haine,
1130   En des lieux où vingt ans j'ai marché souveraine.
Décidons notre sort et daignez écouter
Ce qu'un amour de mere avoit sçu me dicter.
De mon époux, bientot, je vais pleurer la perte,
Et de la gloire ici la carriere est ouverte:
1135   Soliman la cherchoit; mais détestant Thamas,
Malgré moi, cette haine en détournoit ses pas.
Loin de porter ses coups à la Perse abattue,
Dans ces vastes déserts sans fruit toujours vaincue,
Il falloit s'appuyer des secours du Persan
1140   Contre les vrais rivaux de l'empire ottoman.
L'hymen fait les traités et la main d'Azémire
Pourroit unir par vous et l'un et l'autre empire.

ZEANGIR

Par moi!

ROXELANE

J'offre à vos vœux la gloire et le bonheur.

ZEANGIR

Le bonheur désormais est-il fait pour mon cœur?
1145   Si vous saviez...

ROXELANE

Mon fils, je sais tout.

ZEANGIR

Que dit-elle?

ROXELANE

Vous l'aimez.

ZEANGIR

Je l'adore et je fuis... ah! cruelle!
O ciel! dont la rigueur vend si cher les vertus,
D'un cœur au désespoir n'exigea rien de plus.

SCENE IX

ROXELANE, *seule*

Voilà donc de ce cœur quel est l'endroit sensible!
1150   Allons, frappons un coup plus sur et plus terrible.
Mon fils est amoureux, sans doute il est aimé.
Intéressons l'objet dont il est enflammé.
Pour etre ambitieux il porte un cœur trop tendre,
Mais l'amour va parler, j'ose tout en attendre.
1155   Espérons: qui pourroit triompher en un jour
Des charmes d'un empire et de ceux de l'amour?

Fin du Troisième Acte

Var : v. 1146 : [Oui je l'aime]
      ↑ Je l'adore

ACTE IV

SCENE PREMIERE

ZEANGIR, AZEMIRE, gardes.

AZEMIRE

Non, je n'ai point douté qu'un héroïque zèle
Ne signalât toujours votre amitié fidèle.
Je vous ai trop connu. Votre frere arrêté
1160 Aujourd'hui de vous seul attend sa liberté.
La Sultane me quitte et, dans sa violence...
Quel entretien fatal et quelle confidence!
De ses desseins secrets complice malgré moi,
Ainsi que ma douleur, j'ai caché mon effroi.
1165 Je respire par vous, et dans ma tendre estime,
J'ose encore implorer un rival magnanime.
Je tremble pour le Prince, et mes voeux éperdus,
Lui cherchent un azile auprès de vos vertus.

ZEANGIR

J'ai subi comme vous cette épreuve cruelle,
1170 Je n'ai pu désarmer une main maternelle.
Ma mere, en son erreur, se flatte qu'aujourd'hui
Vos voeux fixés pour moi, me parlent contre lui;
Que le sang de Thamas doit détester mon frere.
Ignorant mon malheur, elle croit, elle espere
1175 Que la séduction d'un amour mutuel,
M'intéresse par vous à son projet cruel.
Il sera confondu. Déjà jusqu'à mon pere
Une lettre en secret a porté ma priere:
On l'a vu s'attendrir, ses larmes ont coulé,
1180 C'est par son ordre ici que je suis appellé.
J'obtiendrai qu'à ses yeux le Prince reparoisse,
Je sçaurai pour son fils réveiller sa tendresse.
Songez, dans vos frayeurs, qu'il lui reste un appui,
Et tant que je vivrai, ne craignez rien pour lui.

AZEMIRE

1185 Je retiens les transports de ma reconnaissance.
Mais par pitié, peut-etre, on me rend l'espérance.
Pour mieux me rassurer, vous cachez vos terreurs,
Vous détournez les yeux en essuyant mes pleurs.
Que de périls pressans!... le visir, votre mere,
1190 Moi-même, cette lettre, et ce fatal mistere,
Un sultan soupçonneux, l'ivresse des soldats,
L'horreur de Soliman pour le nom de Thamas,

Var : v. 1164 : [Ainsi que ma douleur j'ai caché mon effroi]
　　　† J'ai caché ma douleur, mon trouble et mon effroi.

Horreur toujours nouvelle et par le tems accrue,
Que sans fruit la Sultane a même combattue...
1195   Ah! si dans les dangers qu'on redoute pour moi,
Ceux du Prince à mon coeur inspiroient moins d'effroi,
Je vous dirois, forcez son généreux silence,
Dévoilez son secret, montrez son innocence:
Heureuse, si j'avois, en voulant le sauver,
1200   Et des périls plus grands, et la mort à braver.

ZEANGIR

Comme elle sçait aimer! je vois toute ma perte.
Pardonnez: ma blessure un instant s'est ouverte,
Laissez-moi: loin de vous, je suis plus généreux.
Le Sultan va paroitre: on vient. Fuyez ces lieux.

SCENE II

SOLIMAN, ZEANGIR, gardes.

ZEANGIR

1205   Souffrez qu'à vos genoux j'adore l'indulgence
Qui rend à mes regards votre auguste présence,
Et d'un ordre sévere adoucit la rigueur.

SOLIMAN

Touché de tes vertus, satisfaits de ton coeur,
D'un sentiment plus doux je n'ai pu me défendre.
1210   Dans ces premiers momens j'ai bien voulu t'entendre.
Mais que vas-tu me dire en faveur d'un ingrat,
Dont ce jour a prouvé le rebelle attentat?
De ce triste entretien quel fruit peux-tu prétendre?
Et de ma complaisance, hélas! que dois-je attendre,
1215   Hors la douceur de voir que le ciel aujourd'hui
Me laisse au moins en toi plus qu'il ne m'ôte en lui?

ZEANGIR

Il n'est point prononcé cet arrêt sanguinaire.
Le Prince a pour appui les bontés de son pere.
Vous l'aimâtes, Seigneur, je vous ai vu cent fois
1220   Entendre avec transport et conter ses exploits,
Des splendeurs de l'empire en tirer le présage,
Et montrer ce modèle à mon jeune courage.
Depuis plus de huit ans, éloigné de ces lieux,
On a de ses vertus détourné trop vos yeux.

Var : v. 1203 : Fuyez-moi
Var : v. 1204 : on vient. Fuyez ses yeux.

SOLIMAN

1225 Quoi! quand toi-même as vu jusqu'où sa violence
A fait de ses adieux éclater l'insolence.

ZEANGIR

Gardez de le juger sur un emportement,
D'une ame au désespoir rapide égarement,
Vous sçavez quel affront enflammoit son courage.
1230 On excuse l'orgueil qui repousse un outrage.

SOLIMAN

De l'orgueil devant moi! menacer à mes yeux!
Dès longtems...

ZEANGIR

Pardonnez: il étoit malheureux,
Dans les rigueurs du sort son ame étoit plus fiere.
Tels sont tous les grands coeurs, tel doit etre mon frere.
1235 Rendez-lui vos bontés, vous le verrez soumis,
Embrasser vos genoux, vous rendre votre fils,
J'en réponds.

SOLIMAN

Eh! pourquoi réveiller ma tendresse
Quand je dois à mon coeur reprocher ma foiblesse,
Quand un traitre aujourd'hui sollicite Thamas,
1240 Quand son crime avéré...

ZEANGIR

Seigneur, il ne l'est pas.
Croyez-en l'amitié qui me parle et m'anime;
De tels noeuds ne sont point resserés par le crime.
Quels que soient les garants qu'on ose vous donner,
Croyez qu'il est des coeurs qu'on ne peut soupçonner.
1245 Eh! qui sçait si fermant la bouche à l'innocence...

SOLIMAN

Va, son forfait lui seul l'a réduit au silence.
Eh! peut-il démentir ce camp dont les clameurs
Déposent contre lui pour ses accusateurs?

ZEANGIR

Oui. Souffrez seulement qu'il puisse se défendre.
1250 Daignez, daignez du moins le revoir et l'entendre.

Var : v. 1230 : On [fait grace a] (↑ excuse) l'orgueil

SOLIMAN

Que dis-tu? ciel? lui! qu'il paroisse à mes yeux!
Me voir encor braver par cet audacieux!

ZEANGIR

Eh! quoi! votre vertu, Seigneur, votre justice
De ses persécuteurs se montreroit complice?
1255   Vous avez entendu ses mortels ennemis,
Et pourriez, sans l'entendre, immoler votre fils,
L'héritier de l'empire... ah! son pere est trop juste.
Où seroit, pardonnez, cette clémence auguste
Qui dicta vos décrets, par qui vous effacez
1260   Nos plus fameux sultans près de vous éclipsés?

SOLIMAN

Eh! qui l'atteste mieux, dis-moi, cette clémence,
Que les soins paternels qu'avoit pris ma prudence,
D'étouffer mes soupçons, d'exiger qu'en ma main
Fût remis du forfait le gage trop certain?
1265   D'ordonner que présent, et, prêt à les confondre,
A ses accusateurs lui-même il put répondre:
Hélas! je m'en flattois: et lorsque ses soldats
Menacent un sultan des derniers attentats,
Qu'ils me bravent pour lui, réponds-moi, qui m'arrête?
1270   Quel autre dans leur camp n'eût fait voler sa tête?
Et moi, loin de frapper, je tremble en ce moment,
Que leur zèle poussé jusqu'au soulèvement,
Malgré moi, ne m'arrache un ordre nécessaire.
Eh! qui sçait si tantot, secondant ta priere,
1275   Ce reste de bonté qui m'enchaîne le bras,
N'a point porté vers toi mes regrets et mes pas?
Si je n'ai point cherché, dans l'horreur qui m'accable,
A pleurer avec toi le crime et le coupable.
Hélas! il est trop vrai au déclin de mes ans,
1280   Fuyant des yeux cruels, suspects, indifférens,
Contraint de renfermer mon chagrin solitaire,
J'ai chéri l'intérêt que tu prends à ton frere;
Et qu'en te refusant, ma douleur aujourd'hui
Goûte quelque plaisir à te parler de lui.

ZEANGIR

1285   Vous l'aimez, votre coeur embrasse sa défense.
Ah! si vos yeux trop tard voyoient son innocence!
Si le sort vous condamne à cet affreux malheur,
Avouez qu'en effet vous mourrez de douleur.

Var : v. 1257 : ah! son (↑ mon) pere
Var : v. 1278 : [pres de] toi
Var : v. 1285 : votre coeur embrasse (↑ vous parle)

SOLIMAN

1290
Oui. Je mourrois, mon fils, sans toi, sans ta tendresse,
Sans les vertus qu'en toi va chérir ma vieillesse.
Je te rends grace, o ciel, qui dans ta cruauté,
Veux que mon malheur même adore ta bonté;
Qui, dans l'un de mes fils prenant une victime,
De l'autre me fais voir la douleur magnanime,
1295
Oubliant les grandeurs dont il doit hériter,
Pleurant au pied du trône et tremblant d'y monter.

ZEANGIR

Ah! si vous m'approuvez, si mon coeur peut vous plaire,
Accordez m'en le prix en me rendant mon frere.
Ces sentimens, qu'en moi, vous daignez applaudir,
1300
Communs à vos deux fils, ont trop sçu les unir.
Vous formâtes ces noeuds aux jours de mon enfance,
Le tems les a serrés... c'étoit votre espérance.
Ah! ne les brisez point. Songez quels ennemis
Sa valeur a domptés, son bras vous a soumis.
1305
Quel triomphe pour eux! et, bientôt quelle audace,
Si leur haine apprenoit le coup qui le menace.
Quels voeux! s'ils contemploient le bras levé sur lui!
Et dans quel tems veut-on vous ravir cet appui?
Voyez le Transilvain, le Hongrois, le Moldave,
1310
Infester à l'envi, le Danube et la Drave.
Rhodes n'est plus. D'où vient que ses fiers défenseurs,
Sur le rocher de Malte insultent leurs vainqueurs,
Et que sont devenus ces projets d'un grand homme,
Quand vous deviez, Seigneur, dans les remparts de Rome,
1315
Détruisant des Chrétiens le culte florissant,
Aux murs du Capitole arborer le croissant?
Parlez, armez nos mains, et que notre jeunesse
Fasse encor respecter cette auguste vieillesse.
Vous, craint de l'univers, revoyez vos deux fils,
1320
Vainqueurs, à vos genoux retomber plus soumis,
Baiser avec respect cette main triomphante,
Incliner devant vous leur tête obéissante,
Et chargés d'une gloire offerte à vos vieux ans,
De leurs doubles lauriers couvrir vos cheveux blancs.
1325
Vous vous troublez, je vois vos larmes se répandre.

SOLIMAN

Je cède à ta douleur et si noble et si tendre.
Ah! qu'il soit innocent et mes voeux sont remplis.
Gardes, que devant moi, l'on amène mon fils.

ZEANGIR *aux gardes*

Mon pere... Demeurez... ah! souffrez que mon zèle
1330
Coure de vos bontés lui porter la nouvelle;
Je reviens avec lui me jeter à vos pieds.

SCENE III

SOLIMAN seul, gardes.

SOLIMAN

O Nature, o plaisirs trop longtems oubliés!
O doux épanchemens qu'une contrainte austere
A longtems interdits aux tendresses d'un pere,
1335　Vous rendez quelque calme à mes sens oppressés!
Egalez vos douceurs à mes ennuis passés.
Quoi donc! ai-je oublié dans quels lieux je respire;
Et par qui mon ayeul dépouillé de l'empire
Vit son fils?... Murs affreux! séjour des noirs soupçons,
1340　Ne me retracez plus vos sanglantes leçons,
Mon fils est vertueux, ou du moins je l'espère.
Mais si de ses soldats la fureur téméraire
Malgré lui-même osoit... triste sort des sultans
Réduits à redouter leurs sujets, leurs enfants!
1345　Qui? moi! je souffrirois qu'arbitre de ma vie...
Monarques des chrétiens que je vous porte envie!
Moins craints et plus chéris, vous etes plus heureux.
Vous voyez de vos loix vos peuples amoureux
Joindre un plus doux hommage à leur obéissance,
1350　Ou si quelque coupable a besoin d'indulgence,
Vos coeurs à la pitié peuvent s'abandonner,
Et sans effroy, du moins, vous pouvez pardonner.

SCENE IV

SOLIMAN, MUSTAPHA, ZEANGIR

SOLIMAN

Vous me voyez encor, je vous fais cette grace:
Je veux bien oublier votre nouvelle audace.
1355　Sans ordre, sans aveu, traiter avec Thamas
Est un crime qui seul méritoit le trépas.
Offrir la paix! qui, vous? de quel droit? à quel titre?
De ces grands intérêts qui vous a fait l'arbitre?
Sçachez, si votre main combattit pour l'Etat,
1360　Qu'un vainqueur n'est encor qu'un sujet, un soldat.

MUSTAPHA

Oui, j'ai tâché du moins, Seigneur, de le paroitre,
Et mon sang prodigué...

SOLIMAN

　　　　　　　Vous serviez votre maitre.
Votre orgueil croiroit-il faire ici mes destins?
Soliman peut encor vaincre par d'autres mains.

1365   Un autre avec succès a marché sur ma trace,
Et votre égal un jour...

MUSTAPHA

Mon frere! il me surpasse.
Le ciel qui pour moi seul garde sa cruauté,
S'il vous laisse un tel fils, ne vous a rien ôté.

SOLIMAN

Qu'entends-je! à la grandeur joint-on la perfidie?

ZEANGIR

1370   En se montrant à vous, son coeur se justifie.

SOLIMAN

Je le souhaite au moins. Mais n'apprendrai-je pas
Le prix que pour la paix on demande à Thamas?
Le perfide ennemi, dont le seul nom m'offense,
Vous a-t-il contre moi promis son assistance?

MUSTAPHA

1375   Juste ciel! ce soupçon me fait frémir d'horreur.
Si le crime un moment fut entré dans mon coeur,
Vous ne penserez pas que la mort m'intimide,
Je vous dirois, frappez, punissez un perfide.
Mais je suis innocent, mais l'ombre d'un forfait...

SOLIMAN

1380   Eh bien! je veux vous croire... expliquez ce billet.

MUSTAPHA

Je frémis de l'aveu qu'il faut que je vous fasse;
Mon respect s'y résout, sans espérer ma grace.
J'ai craint, je l'avouerai, pour des jours précieux,
J'ai craint, non le courroux d'un Sultan généreux,
1385   Mais une main...Seigneur, votre nom, votre gloire,
Soixante ans de vertus chers à notre mémoire,
Tout me répond des jours commis à votre foi,
Et mes malheurs du moins n'accableront que moi.

SOLIMAN

Et pour qui ces terreurs?

MUSTAPHA

Cet écrit, ce message,
1390   Que de la trahison vous avez cru l'ouvrage,

Var : v. 1389 : Et pour[quoi] (↑ qui) ces terreurs?

C'est celui de l'amour; ordonnez mon trépas:
Votre fils brule ici pour le sang de Thamas.

SOLIMAN

Pour le sang de Thamas!

MUSTAPHA

Oui, j'adore Azémire.

SOLIMAN

Puis-je l'entendre, o ciel! et qu'oses-tu me dire?
1395   Est-ce là le secret que j'avois attendu?
Voilà donc le garant que m'offre ta vertu!
Quoi tu pars de ces lieux, chargé de ma vengeance,
Et de son ennemi tu brigues l'alliance.

ZEANGIR

S'il mérite la mort, si votre haine...

SOLIMAN

Eh bien?

ZEANGIR

1400   L'amour est son seul crime, et ce crime est le mien.
Vous voyez mon rival, mon rival que l'on aime,
Ou prononcez sa grace, ou m'immolez moi-même.

SOLIMAN

Ciel! de mes ennemis suis-je donc entouré?

ZEANGIR

De deux fils vertueux vous etes adoré.

SOLIMAN

1405   O surprise! o douleur!

ZEANGIR

Qu'ordonnez-vous?

MUSTAPHA

Mon pere,
Rien n'a pu m'abaisser jusques à la priere,
Rien n'a pu me contraindre à ce cruel effort,
Et je le fais enfin, pour demander la mort:
Ne punissez que moi.

ZEANGIR

C'est perdre l'un et l'autre.

MUSTAPHA

1410 C'est votre unique espoir.

ZEANGIR

Sa mort seroit la vôtre.

MUSTAPHA

C'est pour moi qu'il révèle un secret dangereux.

ZEANGIR

Pour vous fléchir ensemble, ou pour périr tous deux.

MUSTAPHA

Il m'immoloit l'amour qui seul peut vous déplaire.

ZEANGIR

J'ai dû sauver des jours consacrés à son pere.

SOLIMAN

1415 Mes enfants, suspendez ces généreux débats.
O tendresse héroïque! admirables combats!
Spectacle trop touchant offert à ma vieillesse!
Mes yeux connoîtront-ils des larmes d'allégresse?
Grand dieu! me payez-vous de mes longues douleurs?
1420 De mes troubles mortels chassez-vous les horreurs?
Non, je ne croirai point qu'un coeur si magnanime,
Parmi tant de vertus, ait laissé place au crime.
Dieu! vous m'épargnerez le malheur...

SCENE V

Les Précédents, OSMAN, gardes.

OSMAN

Paroissez:
Le trône est en péril, vos jours sont menacés.
1425 Transfuges de leur camp, de nombreux janissaires,
Des fureurs de l'armée insolens émissaires,
Dans les murs de Bysance ont semé leur terreur,
Séditieux sans chef, unis par la douleur.
Ils marchent. Leur maintien, leur silence menace.
1430 En pâlissant de crainte, ils frémissent d'audace;

Var : v. 1413 : Il m'immoloit ce feu

Leur calme est effrayant, leurs yeux avec horreur
Des remparts du serrail mesurent la hauteur.
Déjà, devançant l'heure aux prieres marquée,
Les flots d'un peuple immense inondent la mosquée,
1435   Tandis que dans le camp un deuil séditieux
D'un désespoir farouche épouvante les yeux,
Que des plus forcenés l'emportement funeste
Des drapeaux déchirés ensevelit le reste,
Comme si leur courroux, en les foulant aux pieds,
1440   Venoit d'anéantir leurs sermens oubliés.
Montrez-vous, imposez à leur fougue insolente.

SOLIMAN

J'y cours: vas, pour toi seul un pere s'épouvante.
Frémis de mon danger, frémis de leur fureur;
Et surtout fais des voeux pour me revoir vainqueur.

MUSTAPHA

1445   Je fais plus. Sans frémir je deviens leur otage;
J'aime à l'etre, Seigneur; je dois ce témoignage
A de braves guerriers qu'on veut rendre suspects,
Quand leur douleur soumise atteste leurs respects.
Ah! s'il m'étoit permis, si ma vertu fidèle,
1450   Pouvoit, à vos côtés désavouant leur zèle,
Se montrer, leur apprendre en signalant ma foi,
Comment doit éclater l'amour qu'ils ont pour moi!

SOLIMAN, *moment de silence.*

Gardes, qu'il soit conduit dans l'enceinte sacrée,
Des plus audacieux en tout tems révérée.
1455   Qu'au fidèle Nessir ce dépôt soit commis.
Va, mon destin jamais ne dépendra d'un fils.
Visir, à ses soldats, aux vainqueurs de l'Asie
Opposez vos guerriers vainqueurs de la Hongrie;
Qu'on soit prêt à marcher à mon commandement,
1460   Veillez sur le serrail.

SCENE VI

ZEANGIR, OSMAN

ZEANGIR

                    Arrêtez un moment.
C'est vous qui de mon frere accusant l'innocence,
Contre lui du Sultan excitez la vengeance.
Je lis dans votre coeur, et conçois vos desseins:
Vous voulez par sa mort assurer mes destins,

Var : v. 1441 : imposez à leur [faute] (↑ fougue) insolente
Var : v. 1459 : Soyez prêt

1465   Et des pièges qu'ici l'amitié me présente
         Garantir, par pitié, ma jeunesse imprudente.
         Vous croyez que vos soins, en m'immolant ses jours,
         M'affligent un moment pour me servir toujours;
         Que dans l'art de régner, sans doute moins novice,
1470   Je sentirai le prix d'un si rare service,
         Et que j'approuverai dans le fond de mon coeur,
         Un crime, malgré moi, commis pour ma grandeur.

OSMAN

Moi, Seigneur, que mon ame à ce point abaissée...

ZEANGIR

         Vous le nieriez en vain, telle est votre pensée.
1475   Vous attendez de moi le prix de son trépas,
         Et même en ce moment vous ne me croyez pas.
         Quoi qu'il en soit, visir, tachez de me connoitre:
         D'un écueil à mon tour, je vous sauve peut-etre,
         Ses dangers sont les miens, son sort fera mon sort,
1480   Et c'est moi qu'on trahit en conspirant sa mort.
         Vous-même redoutez les fureurs de ma mere,
         Tremblez autant que moi pour les jours de mon frere;
         A ce péril nouveau c'est vous qui les livrez;
         Je vous en fais garant et vous m'en répondrez.

Il sort

OSMAN *seul*

1485   Quel avenir, o ciel! quel destin dois-je attendre!

Var : v. 1469 : [desormais] (↑ sans doute) moins novice
Var : v. 1486 : (Il existe dans le manuscrit trois versions, dont deux semblables, de la fin
             du quatrième acte. Nous estimons qu'il convient de les présenter dans
             leur intégralité suivant l'ordre du manuscrit)
             1:

SCENE VII

ROXELANE, OSMAN, gardes

ROXELANE

[Voici l'instant fatal propice à notre haine]
↑ Saisissons des momens [Visir], si cher a notre haine.
J'attendois le Sultan, inquiette, incertaine,
Je l'ai suivi, j'ai lu dans son emportement
Que s'il craint des soldats l'entier soulevement
Désarmé et soumis, si sa seule présence
Ne ramene à ses pieds leur prompte obéissance,
Puni de leur amour, le Prince est immolé.
J'ai d'un autre soupçon frappé ce coeur troublé.
Quand je tremble, ai-je dit, pour vos jours, pour l'empire,
Si tandis qu'au-dehors le peril vous attire
Des amis du coupable un nouvel attentat

         2 et 3: (La scène VII de la version 3 ne présente que le vers 1485 du
         texte de base. La dernière scène devient la scène VIII)

SCENE VII

ROXELANE, OSMAN, gardes.

ROXELANE

Viens, les momens sont chers: marchons.

SCENE VII

ROXELANE, OSMAN, gardes

ROXELANE

Viens, les momens sont chers. Marchons.

OSMAN

Daignez m'entendre.

ROXELANE

[Qui te trouble a ce point?] (absent dans la version 3)
↑ Qui t'allarme a ce point?

OSMAN

Zéangir en courroux
Indigné contre moi, peut-etre contre vous...

ROXELANE

Je le sais. Ciel! l'ingrat! n'importe, il faut poursuivre.

OSMAN

Je crains tout des fureurs dont l'amitié l'enivre.
Mais que d'autres perils? J'ai peint en ce moment.
La douleur des soldats comme un soulevement.
Le Sultan paroitra. Le respect qu'il imprime
Peut desarmer un pere et sauver la victime.
Doutez-vous que son fils bientot...

ROXELANE

Rassure-toi.

OSMAN

Comment?

ROXELANE

J'ai tout prévu.

OSMAN

Qu'avez-vous fait?

ROXELANE

Suis-moi.
Tu sauras mon dessein.

OSMAN

Pardonnez ma surprise:
Mais, avant de tenter quelque grande entreprise,
Songez du moins...

ROXELANE

Visir, quand un sort rigorreux
A voulu qu'un dessein grand, hardi, dangereux,
Devint en nos malheurs notre unique espérance,
Il faut, pour l'assurer, consulter la prudence,
Balancer les hasards, tout voir, tout prévenir;
Et, si le sort nous trompe, il faut savoir mourir.

OSMAN

Daignez m'entendre.

ROXELANE

Eh quoi?

OSMAN

Dans cet instant, Zéangir en courroux!...

ROXELANE

N'importe. Ciel! l'ingrat!...Frappons les derniers coups,
Le Sultan, hors des murs, va porter sa présence
1490   Dans un projet hardi viens servir ma vengeance.

OSMAN

Quel projet! ah! craignez...

ROXELANE

Quand un sort rigoureux,
A voulu qu'un dessein terrible, dangereux,
Devint en nos malheurs notre unique espérance,
Il faut, pour l'assurer, consulter la prudence,
1495   Balancer les hasards, tout voir, tout prévenir;
Et, si le sort nous trompe, il faut sçavoir mourir.

Fin du Quatrième Acte

ACTE V

SCENE PREMIERE

MUSTAPHA *dans la prison*, NESSIR, gardes.

MUSTAPHA

L'excès du désespoir semble calmer mes sens.
Quel repos!... moi des fers! o douleurs, o tourmens!

se levant

Sultane ambitieuse, achève ton ouvrage;
1500　Joins pour m'assassiner l'artifice à la rage:
A ton lâche visir dicte tous ses forfaits.
Le traitre! avec quel art, secondant tes projets,
De son récit trompeur la perfide industrie
Du Sultan par degrés réveilloit la furie!
1505　Combien de ses discours l'adroite fausseté
A laissé, malgré lui, percer la vérité!
Ce peuple consterné, ce silence, ces larmes
Qu'arrache ma disgrace aux publiques allarmes,
Ce deuil marqué du sceau de la religion,
1510　C'étoit donc le signal de la rébellion!
Hélas! prier, gémir, est-ce trop de licence?
Est-on rebelle enfin pour pleurer l'innocence?
Et le Sultan le craint, il croit dans son erreur,
Aller d'un camp rebelle appaiser la fureur!
1515　Il verra leurs respects dans leur sombre tristesse.
On m'aime, en chérissant sa gloire et sa vieillesse.
Suspect dans mon exil, noirci, presque opprimé,
A révérer son nom je les accoutumai:
Son fils à ses vertus se plut à rendre hommage:
1520　Que ne m'a-t-il permis de l'aimer davantage!

assis

On ne vient point: o ciel! on me laisse en ces lieux,
En ces lieux si souvent teints d'un sang précieux,
Où tant de criminels... et d'innocens peut-etre
Sont morts sacrifiés aux noirs soupçons d'un maitre!
1525　Que tarde le Sultan? s'est-il enfin montré?
A-t-il vu ce tumulte et s'est-il rassuré?
Et Zéangir... mon frere... o vertus... o tendresse!
Mon frere! je le vois, il s'allarme, il s'empresse,
De sa cruelle mere, il fléchit les fureurs;
1530　Il rassure Azémire, il lui donne des pleurs,
Lui prodigue des soins, me sert dans ce que j'aime;
Une seconde fois il s'immole lui-même.

Var : v. 1504 : ranimoit la furie
Var : v. 1507 : Ce [peuple gémissant], ce silence
　　　　　† Tout ce sombre abattement
　　　　　† peuple [abattu]
　　　　　†† 　　　　　gemissant
Var : v. 1514 : Aller d'un[e revolte] († camp fougueux) affronter la fureur!

Quelle ardeur enflammoit sa générosité,
En se chargeant du crime à moi seul imputé!
1535 Quels combats! quels transports! il me rendoit mon pere;
C'est un de ses bienfaits, je dois tout à mon frere.
Non, le ciel, je le vois, n'ordonne point ma mort.
Non, j'ai trop accusé mon déplorable sort;
J'ai trop cru mes douleurs, tout mon coeur les condamne·
1540 Je sens qu'en ce moment je hais moins Roxelane.
Mais quel bruit! ah du moins... que vois-je? le visir!
Lui dans un tel moment! lui dans ces lieux!

Var : v. 1542 : [Qui] Lui dans [ce] (↑ un tel) moment
Var : v. 1543 : (Il existe deux états de la scène II dans le manuscrit dont le premier
n'est pas terminé)

1:

OSMAN

Nessir,

Adorez a genoux l'ordre de votre maitre.

MUSTAPHA *après un silence*

Et vous a-t-on permis de le faire connoitre.

OSMAN

[à part]   haut
[Jouissons de sa rage. Oui, le Sultan, Seigneur,
↑ Bientot vous l'apprendrez.
[Tout pret pour le combat...]

MUSTAPHA

[Le combat, imposteur!]
↑ Et que fait le Sultan?

OSMAN

[Il part; chaque moment hors des murs, dans Bysance,
Du peuple et des soldats redouble la licence,]
Plusieurs meme des miens, quittant mes étendards,
Deja vers votre camp marchent de toutes parts.

MUSTAPHA

[Des soldats!]

OSMAN

Du Sultan la severe prudence
(Seul?), s'il etoit vaincu, que pret pour sa vengeance
Nessir...

MUSTAPHA

Je vous entends.

OSMAN

Zéangir de ses yeux
Par son ordre ecarté...

MUSTAPHA *à part*

Zéangir, justes cieux!
Quel présage!

OSMAN

Azemire a Thamas est rendue.
Elle quitte Bysance.

MUSTAPHA *à part*

O rigueur imprevue!

OSMAN

Mais un coup plus fatal...

MUSTAPHA

à part

En est-il? [illisible]...je fremis

Eh bien?

OSMAN

Dans le serrail si vos nombreux amis,
Armant pour vous servir leur main desesperée
Essaiaient de forcer cette enceinte sacrée...

MUSTAPHA

Forcer l'enceinte! o dieu qui croira?...

OSMAN

Ce dessein
Vous plonge au moment meme un poignard dans le sein
(illisible) l'ordre secret.

MUSTAPHA

Eh qui pourroit enfreindre

2 et 3: (Ces versions adoptent la leçon du texte de base jusqu'à la fin
du v. 1554. La version 3 suit le texte remanié de la version 2)

[Qui voudroit vous servir, vous trahiroit peut-etre]
↑ Si leur zèle unissant leur faute conjurée
[Ce séjour est sacré puisse-t-il toujours l'etre]
↑ Essayait de forcer cette enceinte sacrée,...
[Souhaitez-le et tremblez. Vos perils sont accrus.
Ce zèle impétueux qu'excitent vos vertus...

MUSTAPHA

Cessez. Je sais le prix qu'il faut que j'en espere,]
↑ Forcer l'enceinte. O ciel... qui pourroit...
[Roxelane avec vous les vantoit à mon pere.
Sortez]

OSMAN

[Vous avez lu, Nessir, obéissez.]

↑   Ce dessein
Vous plonge au même instant un poignard dans le sein.

MUSTAPHA

Sortez.

OSMAN

Vous avez lu, Nessir; obéissez.

SCENE II

MUSTAPHA, OSMAN, NESSIR, gardes.

OSMAN

Nessir,
Adorez à genoux l'ordre de votre maitre.

MUSTAPHA *après un silence*

Et vous a-t-on permis de le faire connoitre?

OSMAN

1545 Bientot vous l'apprendrez.

MUSTAPHA

Et que fait le Sultan?

OSMAN

Contre les révoltés il marche en cet instant.

MUSTAPHA

Les révoltés! *à part* o ciel! contraignons-nous. *haut* J'espere
Qu'on peut m'apprendre aussi ce que devient mon frere.

OSMAN

Un ordre du Sultan l'éloigne de ses yeux.

MUSTAPHA *à part*

1550 Zéangir éloigné! mon appui! justes cieux!
haut
Azémire...

OSMAN

Azémire à Thamas est rendue,
Elle quitte Bysance.

MUSTAPHA *à part*

O rigueur imprévue!
haut
Quel présage! Et Nessir... cet ordre...

OSMAN

Est rigoureux.
Craignez de vos amis le secours dangereux.
1555 Qui voudroit vous servir, vous trahiroit peut-etre.
Ce séjour est sacré: puisse-t-il toujours l'etre!
Souhaitez-le et tremblez. Vos périls sont accrus.

Ce zèle impétueux qu'excitent vos vertus...

MUSTAPHA

1560   Cessez. Je sçais le prix qu'il faut que j'en espere,
Roxelane avec vous les vantoit à mon père.
Sortez.

OSMAN

Vous avez lu, Nessir; obéissez.

SCENE III

MUSTAPHA *seul*

O ciel! combien de malheurs à la fois annoncés!
Zéangir écarté!... le départ d'Azémire!
Tout ce qui me confond, tout ce qui me déchire!
1565   "Craignez de vos amis le secours dangereux."
Je lis avec horreur dans ce mystere affreux.
à Nessir
Si l'on s'armoit pour moi... si l'on forçoit l'enceinte...
Tu frémis, je t'entends... d'où peut naitre leur crainte?
Leur crainte! on l'espéroit: cet espoir odieux,
1570   Le visir l'annonçoit, le portoit dans ses yeux.
S'il ne s'en croyoit sûr, eût-il osé m'instruire?
Viendroit-il insulter l'héritier de l'Empire?
Comme il me regardoit incertain de mon sort
Mendier chaque mot qui me donnoit la mort!
1575   Et j'ai dû le souffrir, l'insolent qui me brave!
Le fils de Soliman bravé par un esclave!
Cet affront, cette horreur manquoit à mon destin.
Après ce coup affreux, le trépas... Mais enfin
Qui peut les enhardir? Quelle est leur espérance?
1580   Qu'on attaque l'enceinte? et sur quelle apparence...
Est-ce dans ce serrail que j'ai donc tant d'amis?
Parmi ces coeurs rampans à l'intérêt soumis
Qu'importent mes périls, mon sort, ma renommée?
C'est le peuple qui plaint l'innocence opprimée.
1585   L'esclave du pouvoir ne tremble point pour moi.
A Roxelane ici tout a vendu sa foi...
Quel jour vient m'éclairer! Si c'étoit la Sultane...
Ce crime est en effet digne de Roxelane...

Var : (Il existe deux brouillons de la scène 3 pleins de ratures et qui ne suivent pas
d'ordre logique. Nous proposons de les débrouiller dans la mesure du possible)
    1:
Var : v. 1568 : Tu frémis! Je t'entends...Mais quelle est donc leur crainte?
Var : vv. 1569-72 : vers manquants
Var : v. 1580 : Qu'on force ma prison! eh, sur quelle apparence
Var : v. 1582 : Parmi ces coeurs abjects et lâchement soumis
Var : v. 1586 : A mes persécuteurs ils ont vendu leur foi
Var : v. 1588 : Le crime

```
           Oui, tout est éclairci.  Le trouble renaissant,
1590       Le peuple épouvanté, le soldat frémissant,
           C'est elle qui l'excite: elle effrayoit mon pere
           Pour surprendre à sa main cet ordre sanguinaire.
           Les meurtriers sont prêts par sa rage apostés.
           Les coups sont attendus, les momens sont comptés.
1595       Grand dieu! si le malheur, si la foible innooonce
           Ont droit à ton secours, non moins qu'à ta vengeance,
           Toi dont le bras prévient ou punit les forfaits,
           Au lieu de ton courroux signale tes bienfaits.
           Je t'en conjure, o Dieu, par la voix gémissante
1600       Qu'éleve à tes autels la douleur suppliante,
           Par mon respect constant pour ce pere trompé
           Qui périra du coup dont tu m'auras frappé:
           Par les voeux qu'en mourant t'offroit pour moi ma mere;
           Je t'en conjure... au nom des vertus de mon frere.
1605       Calmons-nous: espérons.  Je respire: mes pleurs
           De mon coeur moins saisi soulagent les douleurs.
           Le ciel... qu'ai-je entendu?...
                                    *Au bruit qu'on entend, les*
           *Gardes tirent leurs coutelas.  Nessir tire son poignard.*
           *Nessir écoute s'il entend un second bruit.*
                                    Frappe, ta main chancelle
           Frappe.
```

Var : v. 1589 : Oui, tout est éclairci: ce péril plus pressant,
(Entre le v. 1594 et le v. 1595 il y a un passage biffé)
        Ce visir la remplit de la feroce joie
        Dont son coeur s'enyvroit en contemplant sa proie.
        Cet affront, cette horreur, ce trait de mon destin
        A devancé le fer qu'on leve sur mon sein.
        Quoi(que?) ces vils oppresseurs, jouissant de leur crime,
        Si près...si loin d'un pere enchainent leur victime
        Et par sa main credule assassinant son fils
        Etoufferont ma voix sous ces affreux lambris!
Var : (Entre le v. 1606 et le v. 1607 il y un passage biffé)
                   montrant ses gardes
        Le ciel que j'implorois...que vois-je? ils s'attendrissent
        Sur mes cruels destins ils pleurent ils gemissent;
        A mes persecuteurs ils ne sont point vendus;
        Peut-etre leur pitié me prete des vertus:
        Eh bien, que dans l'instant vers ces lieux on s'avance,
        Qu'un cri de ce sejour trouble l'affreux silence,
        Le nom du maitre ordonne, il suffit, [illisible] † leur fureur
        [Leur bras obéissant va me percer le sein.]
        † En detournant les yeux me percera le coeur.
        O rigoureuses loix! o puissance arbitraire!
        Le pere craint son fils et le fils craint son pere!
        Meme en se cherissant tous deux peuvent perir;
        Tous deux...qu'ai-je entendu?...sois fidele, Nessir.

*Le second bruit se fait entendre. Ceux des Gardes
qui sont à la droite du Prince passent devant lui pour aller
vers la porte de la prison, et en passant forment un rideau, qui
doit cacher absolument l'action de Nessir aux yeux du Public.*

Var : v. 1608 : (Après le mot 'frappe' il y a une indication scénique)
Les soldats forment un rideau d'un des cotés du theatre et tandis que
la suite de Zeangir se mele a celle de Nessir ce dernier execute son
ordre.

2: (Toute cette version est biffée, même les additions)
v. 1562 : De quel effroi nouveau, tous mes sens sont glacés.
et suiv.: (illisible) que m'a-t-il dit? si l'enceinte est forcée!
Quel est donc ce langage obscur et formidable
Mais, pensent-ils le craindre et quelle est leur pensée?
Ce (projet?) inconnu, ce secret [formidable] ↑ redoutable.
La Sultane le croit!   adieux
Craignez de vos amis le peuple dangereux!...
Le visir   ses yeux
Je lis avec horreur dans ce mistere affreux;
                              il ose m'instruire
Que m'a-t-il dit si l'enceinte est forcée.
                         ?
Mais peuvent-ils les croire et quelle est leur pensée?
                              pour moi
On l'a cru cependant cet espoir odieux
                              et mon effroi
Le visir l'   , le portoit dans ses yeux.
Zeangir écarté...le départ d'Azemire...
Tout ce qui me confond, tout ce qui me déchire...
Comme il me regardoit incertain de mon sort
Mandier chaque mot qui me donnoit la mort!
Et j'ai du le souffrir, l'insolent qui me brave!
Le fils de Soliman bravé par un esclave.
L'arret est prononcé, mon malheur est certain,
Mais d'ou nait leur devoir? qu'attendent-ils enfin?
Que l'on brise mes (fers?)! et sur quelle apparence
Croit-on qu'a cet excès poussant la violence...
Est-ce dans ce serail que j'ai donc tant d'amis?
Parmi ces coeurs [rampant a l'interet] soumis
                    ↑ abjects et lâchement
Qu'importent mes perils, mon sort, ma renommée?
C'est le peuple qui plaint l'innocence opprimée.
L'esclave du pouvoir ne tremble point pour moi:
A Roxelane ici tout a vendu sa foi
↑ A mes persecuteurs ils ont vendu leur foi.
Quel soupçon...j'en frissonne...et cette horrible idée
↑ Quel jour vient m'éclairer. Si c'etoit la Sultane...
Glace en la revoltant, mon ame intimidée.
↑ Le crime est en effet digne de Roxelane.
Si c'etoit [la Sultane] ↑ Roxelane o cieux!...tout est connu.
[Les soldats   vers les miens ont couru]
↑ Au dedans, au dehors le tumulte est accru.
[Elle a gagné les chefs pour allarmer mon pere]
↑ C'est elle qui l'excite, elle effrayoit mon pere

SCENE IV

MUSTAPHA *mourant*, ZEANGIR *accourant d'un des côtés du théâtre sans voir son frere.*

ZEANGIR

Viens, signalons notre foi, notre zèle.
Courons vers le Sultan; désarmons les soldats.
1610   Qu'il reconnoisse enfin... Grand dieu! que vois-je, hélas!
Mon frere, mon cher frere... o crime! o barbarie!

(Il existe deux brouillons de la scène IV)
        1:
v. 1609 : Sultan, [désarmons les soldats]
        Sultan, ↑ mon bras t'a délivré.
v. 1610 : [Qu'il reconnaisse enfin... Grand Dieu! Que vois-je, hélas]
        [   ]
v. 1611 : [(illisible) o crime...o barbarie!]
        [↑ Mon frere, mon cher frere...]
        ↑ Que vois-je? juste ciel! mon frere massacré.
v. 1612 : dessein? quelle [aveugle furie] ↑ rage effroyable!
v. 1613 : Mon frere...o désespoir! o crime abominable!
v. 1614 : [Qu'ai-je lu] (↑ Mon frere!) Qu'ai-je lu? Quoi tu meurs de ma main
v. 1615 : Malheureux! et c'est moi qui suis ton assassin!
(Il suit un passage biffé qui n'est pas dans la logique de la scène)

ZEANGIR

                                 Oui c'est moi
Qui te pleure, t'embrasse, et qui meurs avec toi.

MUSTAPHA

O terreur!

ZEANGIR

Tu frémis à l'aspect de ton frere!

MUSTAPHA

Ah tu sauras trop tot...

ZEANGIR

Quel horrible mystere?

MUSTAPHA

Un ordre du Sultan par le visir trompé...

ZEANGIR

Le traitre, il est puni: l'un des miens l'a frappé.
Mais que m'importe helas cette indigne victime!
Eh! quel sang peut jamais expier un tel crime!
O pere trop barbare! o forfait plein d'horreur.

MUSTAPHA

Plains ses soupçons cruels et sa fatale erreur.
Helas! il ordonnoit dans son injuste crainte,
Qu'au moindre effort tenté pour penetrer l'enceinte,
Nessir d'un coup mortel...

ZEANGIR

                      Qu'entends-je? quoi ma main...
Malheureux! et c'est moi qui le perce le sein
                qui ↑ suis ton assassin

Monstres, quel noir dessein! quelle aveugle furie!
                                    Nessir lui montre l'ordre
Qu'ai-je lu? Qu'ai-je fait? Malheureux! quoi, ma main.
O mon frere! et c'est moi qui suis ton assassin!
1615   O sort! c'est Zéangir que tu fais parricide!
Quel pouvoir formidable à nos destins préside!
Ciel!

MUSTAPHA

De trop d'ennemis j'étois enveloppé.
Ton frere à leurs fureurs n'auroit point échappé.

(La numérotation des vers dans le manuscrit par rapport au texte de base se
modifie en raison du vers supplémentaire. Le v. 1615 du texte de base devient le
v. 1616 du manuscrit)
v. 1619 : [Je plains le désespoir ou ton ame est en proie:]
              ↑ J'ai pitié des tourmens ou ton ame est en proie
v. 1620 : [quelque joie]
              ↑ La mienne en ce moment goûte au moins quelque joie,
v. 1623 : Il meurt!
          2:
v. 1610 : [Tombons a ses genoux]
              ↑ Qu'il reconnaisse
v. 1613 : Qu'ai-je lu? qu'ai-je fait? quoi! tu meurs de ma main.
v. 1614 : Malheureux c'est moi
v. 1623 : [Quel silence effraiant] tout me fuit tout m'evite
vv. 1627- 32 : Ces vers sont dans un mauvais ordre: [1631], ↑ 1627, 1632, 1628,
              1629, 1630.
v. 1632 : Il manque la réponse de Soliman.
v. 1635 : Des soldats [allarmés] ↑ désarmés
vv. 1636-39 : Ces vers du texte de base sont biffés bien qu'on retrouve les vv.
              1638-39 plus loin dans la version manuscrite.
vv. 1636-38 : ↑ Hélas! je revenais, sur de son innocence.
              ↑ J'avais vu ses soldats implorer ma clémence.
              ↑ Détrompé, plein de joie en les voyant soumis,
              Tout mon coeur s'ecriait, vous me rendez mon fils.
              Et pour des jours si chers quand je suis sans allarmes,
(Entre le v. 1640 et le v. 1641 il y a un passage biffé où, d'abord, Soliman
continue à parler)
              Je le trouve expirant, sur ce marbre étendu
              Dans les flots de son sang par tes mains répandu.

ZEANGIR

Poursuivez. Il n'est rien dont Zeangir fremisse.
Eh! ne reprochez vous ce qui fait mon supplice?

SOLIMAN

Grand Dieu!

MUSTAPHA

De mon malheur n'accusez que le sort.
Tout ce qui m'a cheri me conduit a la mort.
C'est l'arret du destin. Mais du moins sa colere
Ne m'a point envié les regrets de mon pere.
Je suis moins malheureux, je vois couler vos pleurs,
Et toi, mon frere, approche, embrassons nous...je meurs.

ZEANGIR

Tu meurs!...ah c'en est fait, o victime trop chere,
Et je respire encor, je survis a mon frere!

1620

Je plains le désespoir où ton ame est en proie,
La mienne en ce malheur goûte au moins quelque joie.
Je te revois encor... je ne l'espérois pas.
Ta présence adoucit l'horreur de mon trépas.

ZEANGIR

Tu meurs! Ah! c'en est fait.

SCENE V et DERNIERE

SOLIMAN, ROXELANE, MUSTAPHA, ZEANGIR.

SOLIMAN

Tout me fuit, tout m'évite;
Quelle morne terreur dans tous les yeux écrite!

1625

Que vois-je? se peut-il?... mon fils mourant, o cieux!

ROXELANE

Il n'est plus...

SOLIMAN

Quoi! Nessir... quel bras audacieux?...

---

v. 1643 : [Vous qui calomniez la vertu la plus pure]
             ↑ De vos sanglans projets voyez la récompense:
v. 1644 : Dans un coeur paternel etouffiez la nature.
v. 1646 : Je le connais ce coeur.
v. 1649 : O comble des horreurs!
                          O [transports] (↑ forfaits) inouis!
v. 1652 : l'objet [la recompense] ↑ et l'esperance
vv. 1657-58 : J'ai semé les perils sous tes yeux sur tes pas.
             [Par cet ordre surpris tu signois ton trépas]
             ↑ Cet ordre avait du Prince assuré le trépas:
v. 1659 : [On forçoit] sa prison; sa [mort] etoit certaine.
             ↑ Je forçais   ↑ perte
(Entre le v. 1664 et le v. 1665 il y a quatre vers supplémentaires)
             Nous ouvre tour a tour et nous ferme les yeux
             Nous fait, pour ses desseins, criminels vertueux
             Que l'heureux, l'imprudent, l'infortuné, le sage,
             Le sont pour accomplir son eternel ouvrage;
v. 1668 : La rage d'un despote
v. 1673 : des [mortels] ↑ humains
v. 1674 : [murs abhorrés] (↑ lambris affreux) teints du sang de mes fils
v. 1675 : Que cet aspect affreux
(Il y a un autre court brouillon qui commence à la fin du v. 1661 du texte de base)
             M'entraine dans l'abyme où l'a conduit ma main
             Mon supplice est affreux, que la mort m'en délivre.
                          SOLIMAN
             Non, tu ne mourras point: sois condamnée à vivre,
             A languir dans les fers sous ces affreux lambris:
             Respire dans ces lieux teints du sang de ton fils.

ZEANGIR

C'est moi qui, fremissant, plein de trouble et de crainte,
Ai, pour briser ses fers, attaqué cette enceinte:
Je voulois le conduire à vos genoux. Ma main
1630   A guidé les poignards suspendus sur son sein.
Pleurez sur l'attentat, pleurez sur le coupable,
C'est Zéangir.

SOLIMAN

O crime! o jour épouvantable!

ROXELANE *à part*

Jour plus affreux pour moi!

SOLIMAN

Cruel, qu'espérois-tu?

ZEANGIR

Prévenir vos dangers, vous montrer sa vertu;
1635   Des soldats désarmés arrêter la licence.

SOLIMAN

Hélas dans leurs respects j'ai vu son innocence.
Détrompé, plein de joie, en les trouvant soumis,
Tout mon coeur s'écrioit, vous me rendez mon fils,
Et pour des jours si chers, quand je suis sans allarmes,
1640   Quand j'apporte en ces lieux ma tendresse et mes larmes...

ZEANGIR *hors de lui, et s'adressant à Roxelane.*

C'est vous dont la fureur l'égorge par mon bras:
Vous dont l'ambition jouit de son trépas;
Qui sur tant de vertus fermant les yeux d'un pere,
L'avez fait un moment injuste, sanguinaire...
                      à Soliman
1645   Pardonnez, je vous plains, je vous chéris... hélas!
Je connais votre coeur, vous n'y survivrez pas.
C'est la derniere fois que le mien vous offense:
                    regardant sa mere
Mon supplice finit, et le vôtre commence.
                  Il se tue sur le corps de
                        son frere.

SOLIMAN

O comble des horreurs!

ROXELANE

O transports inouis!

SOLIMAN

1650   O pere infortuné!

ROXELANE

Malheureuse! mon fils,
Lui pour qui j'ai tout fait; lui, depuis sa naissance,
De mon ambition l'objet, la récompense!
Lui, qui punit sa mere en se donnant la mort,
Par qui mon désespoir me tient lieu de remord.
1655   Pour lui j'ai tout séduit, ton visir, ton armée.
Je t'effrayois du deuil de Bysance allarmée.
De ton fils en secret j'excitois les soldats.
Par cet ordre surpris tu signois son trépas;
Je forçois sa prison, sa perte étoit certaine.
1660   L'amitié de mon fils a devancé ma haine.
Un dieu vengeur par lui prévenant mon dessein...
Le Musulman le pense et je le crois enfin,
Qu'une fatalité terrible, irrévocable,
Nous enchaine à ses loix, de son joug nous accable:
1665   Qu'un Dieu, près de l'abîme où nous devons périr,
Même en nous le montrant, nous force d'y courir;
J'y tombe sans effroi; j'y brave sa colere,
Le pouvoir d'un despote et les fureurs d'un pere.
Ma mort...
                elle fait un pas vers son fils

SOLIMAN

Non, tu vivras pour pleurer tes forfaits.
1670   Monstre; de ses transports prévenez les effets.
Qu'on l'enchaine en ces lieux, qu'on veille sur sa vie.
Tu vivras dans les fers et dans l'ignominie,
Aux plus vils des humains vil objet de mépris,
Sous ces lambris affreux teints du sang de ton fils.
1675   Que cet horrible aspect te poursuive sans cesse;
Que le ciel, prolongeant ton obscure vieillesse,
T'abandonne au courroux de ces mânes sanglans;
Que mon ombre bientot redouble tes tourmens,
Et puisse en inventer de qui la barbarie
1680   Egale mes malheurs, ma haine et ta furie.

Fin du Cinquième & Dernier Acte.

Approbation

J'ai lu par ordre de Monsieur le Lieutenant-Général de Police, une Tragédie intitulée: *Mustapha & Zéangir*, Tragédie en cinq Actes & en vers, par M. de Chamfort; & je n'y ai rien trouvé qui puisse en empêcher l'impression. A Paris, ce 10 Décembre 1777.

Suard.

Vu l'Approbation, permis d'imprimer, ce 10 Décembre 1777,
Le Noir.

De l'Imprimerie de Cailleau, rue Saint-Severin

NOTES

Les chiffres arabes renvoient aux vers de *Mustapha et Zéangir*

3	Succès militaires des Ottomans en 1552
20	La Harpe affirme que Chamfort prit ce vers dans le *Mithridate* de Racine (L, p. 84): 'Partout de l'univers j'attacherais les yeux' (II, iv)
25	Dans le nord de la Turquie où les princes héritiers furent souvent gouverneurs.
47	Thamas régna en Perse (1524-1576)
58	Sous le règne de Soliman, le gendre de Roxelane devint grand vizir grâce aux manigances de sa belle-mère.
184-186	*L'Esprit des journaux*, ayant loué la versification de cette tragédie, fait remarquer que ces trois vers sont parmi ceux 'retenus aux premières représentations' (février 1778, p. 278)
241	En fait Roxelane fut d'origine russe.
251-254	On se rappelle les propos de Roxane (*Bajazet*, I, iii): 'Je sais que des sultans l'usage m'est contraire; Je sais qu'ils se sont fait une superbe loi De ne point à l'hymen assujettir leur foi.' Roxane dit aussi à Bajazet (II, i): 'Ce Soliman jeta les yeux sur Roxelane Malgré tout son orgueil, ce monarque si fier, A son trône, à son lit daigna l'associer'
530	A propos de ce vers l'*Esprit des journaux* (février 1778, pp. 278-279) note que: 'On a fort applaudi un endroit où Mustapha rappellant les tems de son enfance, & les sentimens de tendresse qui l'attachoient déjà à Zéangir, finit par ce vers plein de douceur.'
1285-1324	La Harpe fait l'éloge de ce passage (L, p. 75): 'Ces mouvemens d'éloquence sont heureusement imités de la scène de *Mithridate*, où Xipharès dit à son père': Embrassez par nos mains le couchant et l'aurore' (III, i)
1309	Soliman envahit la Moldavie en 1538. La Transilvanie fut attaquée en 1552.
1311-1312	S'agit-il de réminiscences de *Bajazet* (II, i): Rhodes, des Ottomans ce redoutable écueil De tous ses défenseurs devenu le cercueil' Quand les Ottomans prirent Rhodes en 1522, les chevaliers embarquèrent pour la Malte.
1346-1352	On se demande si ces vers furent composés à l'intention de Louis XVI.

1426   La *Correspondance littéraire* cite ce vers en remarquant que 'Nous ne
              comprenons point trop ce qu''(il) veut dire' (CL, décembre, 1777,
              p. 32).

1434-38   A la même page la *Correspondance littéraire* continue à signaler son
              incompréhension: 'nous avons plus de peine encore à démêler le
              véritable sens (de ces) vers'.

1607   La Harpe critique le dénouement, surtout le meurtre (L, p. 78):
              'Zéangir vient tout seul, et, sur le bruit qu'il fait en arrivant, Mustapha
              présente la poitrine à Nessir qui l'égorge, comme un boucher égorge
              un mouton. Je ne dis rien de cette exécution dégoûtante, si contraire à
              toutes les convenances théâtrales, qui n'admettent le meurtre que dans
              un personnage passionné, parce qu'alors la violence de la situation
              sauve l'atrocité du spectacle. Il n'est pas plus permis, pas plus
              supportable de faire poignarder tranquillement un prince par un chef de
              gardes qu'il ne le serait de faire pendre un homme sur la scène par le
              bourreau.' Il est à noter que, dans la pièce de Belin, le meurtre se passe
              dans les coulisses.

1648   Dans un passage ajouté à la seconde préface qu'il composa pour
              Bajazet, Racine déclare que: 'il ne faut que lire l'histoire des Turcs; on
              verra partout le mépris qu'ils font de la vie; on verra en plusieurs
              endroits à quel excès ils portent les passions; et ce que la simple amitié
              est capable de leur faire faire: témoin un des fils de Soliman, qui se tua
              lui-même sur le corps de son frère aîné qu'il aimait tendrement, et que
              l'on avait fait mourir pour lui assurer l'empire.'

1655   On peut rapprocher ce vers de celui de Roxane dans le *Bajazet* de
              Racine:
              'Femmes, gardes, vizir, pour lui j'ai tout séduit;' (I, iii)

TABLE DES MATIERES

Mustapha et Zéangir

TEXTES LITTERAIRES

Titres déjà parus